Hermann Hesse
Schmetterlinge

Betrachtungen, Erzählungen, Gedichte

Herausgegeben und mit einem Nachwort
von Volker Michels
Mit farbigen Illustrationen

Insel Verlag

Insel-Bücherei Nr. 1348

Inhalt

Bläulinge

Über Schmetterlinge

Alles Sichtbare ist Ausdruck, alle Natur ist Bild, ist Sprache und farbige Hieroglyphenschrift. Wir sind heute, trotz einer hoch entwickelten Naturwissenschaft, für das eigentliche Schauen nicht eben gut vorbereitet und erzogen und stehen überhaupt mit der Natur eher auf dem Kriegsfuß. Andere Zeiten, vielleicht alle Zeiten, alle früheren Epochen bis zur Eroberung der Erde durch die Technik und Industrie, haben für die zauberhafte Zeichensprache der Natur ein Gefühl und Verständnis gehabt und haben sie einfacher und unschuldiger zu lesen verstanden als wir. Dies Gefühl war durchaus nicht ein sentimentales, das sentimentale Verhältnis des Menschen zur Natur ist noch ziemlich neuen Datums, ja es ist vielleicht erst aus unserem schlechten Gewissen der Natur gegenüber entstanden.

Der Sinn für die Sprache der Natur, der Sinn für die Freude am Mannigfaltigen, welche das zeugende Leben überall zeigt, und der Drang nach irgendeiner Deutung dieser mannigfaltigen Sprache, vielmehr der Drang nach Antwort ist so alt wie der Mensch. Die Ahnung einer verborgenen, heiligen Einheit hinter der großen Mannigfaltigkeit, einer Urmutter hinter all den Geburten, eines Schöpfers hinter all den Geschöpfen, dieser wunderbare Urtrieb des Menschen zum Weltmorgen und zum Geheimnis der Anfänge zurück ist die Wurzel aller Kunst gewesen und ist es heute wie immer. Wir scheinen heute der Naturverehrung in diesem frommen Sinn des Suchens nach einer Einheit in der Vielheit unendlich fern zu stehen, wir bekennen uns zu diesem kindlichen Urtrieb nicht gern und machen Witze, wenn man uns an ihn erinnert. Aber wahrscheinlich ist es dennoch ein Irrtum, wenn wir uns und unsere ganze heutige Menschheit für ehrfurchtslos und für unfähig zu einem frommen Erleben der Natur halten. Wir haben es nur zur Zeit recht schwer, ja es ist uns unmöglich geworden, die Natur so harmlos in Mythen umzudichten und den Schöpfer so kindlich zu personifizieren und als Vater anzubeten, wie es andere Zeiten tun konnten. Vielleicht haben wir auch nicht unrecht, wenn wir gelegentlich die Formen der alten Frömmigkeit ein wenig seicht und spielerisch finden und wenn wir zu ahnen glauben, daß die gewaltige, schicksalhafte Neigung der modernen Physik zur Philosophie im Grunde ein frommer Vorgang sei.

Nun, ob wir uns fromm-bescheiden oder frechüberlegen benehmen mögen, ob wir die früheren Formen des Glaubens an die Beseeltheit der Natur belächeln oder bewundern: unser tatsächliches Verhältnis zur Natur, sogar dort, wo wir sie nur noch als Ausbeutungsobjekt kennen, ist eben dennoch das des Kindes zur Mutter, und zu den paar uralten Wegen, die den Menschen zur Seligkeit oder zur Weisheit zu führen vermögen, sind keine neuen Wege hinzugekommen. Einer von ihnen, der einfachste und kindlichste, ist der Weg des Staunens über die Natur und des ahnungsvollen Lauschens auf ihre Sprache.

»Zum Erstaunen bin ich da!« sagt ein Vers von Goethe.

Mit dem Erstaunen fängt es an, und mit dem Erstaunen hört es auch auf, und ist dennoch kein vergeblicher Weg. Ob ich ein Moos, einen Kristall, eine Blume, einen goldenen Käfer bewundere oder einen Wolkenhimmel, ein Meer mit den gelassenen Riesen-Atemzügen seiner Dünungen, einen Schmetterlingsflügel mit der Ordnung seiner kristallenen Rippen, dem Schnitt und den farbigen Einfassungen seiner Ränder, der vielfältigen Schrift und Ornamentik seiner Zeichnung und den unendlichen, süßen, zauberhaft gehauchten Übergängen und Abtönungen der Farben – jedesmal wenn ich mit dem Auge oder mit einem andern Körpersinn ein Stück Natur erlebe, wenn ich von ihm angezogen und bezaubert bin und mich seinem Dasein und seiner Offenbarung für einen Augenblick öffne, dann habe ich in diesem selben Augenblick die ganze habsüchtige blinde Welt der menschlichen Notdurft vergessen, und statt zu denken oder zu befehlen, statt zu erwerben oder auszubeuten, zu bekämpfen oder zu organisieren, tue ich für diesen Augenblick nichts anderes als »erstaunen« wie Goethe, und mit diesem Erstaunen bin ich nicht nur Goethes und aller andern Dichter und Weisen Bruder geworden, nein ich bin auch der Bruder alles dessen, was ich bestaune und als lebendige Welt erlebe: des Falters, des Käfers, der Wolke, des Flusses und Gebirges, denn ich bin auf dem Weg des Erstaunens für einen Augenblick der Welt der Trennungen entlaufen und in die Welt der Einheit eingetreten, wo ein Ding und Geschöpf zum andern sagt: Tat twam asi. (»Das bist Du.«)

Wir sehen auf das harmlosere Verhältnis früherer Generation zur Natur manchmal mit Wehmut, ja mit Neid, aber wir wollen unsere Zeit nicht ernster nehmen, als sie es verdient, und wir wollen uns nicht etwa darüber beklagen, daß das Beschreiten der einfachsten Wege zur Weisheit an unseren Hochschulen nicht gelehrt wird, ja daß dort statt des Erstaunens vielmehr das Gegenteil gelehrt wird: das Zählen und Messen statt des Entzückens, die Nüchternheit statt der Bezauberung, das starre Festhalten am losgetrennten Einzelnen statt des Angezogenseins vom Ganzen und Einen. Diese Hochschulen sind ja nicht Schulen der Weisheit, sie sind Schulen des Wissens; aber stillschweigend setzen sie das von ihnen nicht Lehrbare, das Erlebenkönnen, das Ergriffenseinkönnen, das Goethesche Erstaunen eben doch voraus, und ihre besten Geister kennen kein edleres Ziel, als wieder Stufe zu eben solchen Erscheinungen wie Goethe und anderen echten Weisen zu sein.

Die Schmetterlinge nun, von denen hier die Rede sein soll, sind gleich den Blumen für viele Menschen ein sehr bevorzugtes Stückchen Schöpfung, ein besonders geschätztes und wirksames

Osterluzeifalter

Objekt jenes Erstaunens, ein besonders lieblicher Anlaß zum Erlebnis, zum Ahnen des großen Wunders, zur Verehrung des Lebens. Sie scheinen, gleich den Blumen, recht eigens als Zierde, als Schmuck und Juwel, als kleine funkelnde Kunstwerke und Loblieder von höchst freundlichen, anmutigen und witzigen Genien erfunden und mit zärtlicher Schöpferwollust ausgedacht worden zu sein. Man muß schon blind oder aber sehr verhärtet sein, um beim Anblick der Schmetterlinge nicht eine Freude, einen Rest von Kinderentzücken, einen Hauch des Goetheschen Erstaunens zu empfinden. Und das hat gewiß gute Gründe. Denn der Schmetterling ist ja etwas Besonderes, er ist ja nicht ein Tier wie alle anderen, er ist eigentlich überhaupt nicht ein Tier, sondern bloß der letzte, höchste, festlichste und zugleich lebenswichtigste Zustand eines Tieres. Er ist die festliche, die hochzeitliche, zugleich schöpferische und sterbensbereite Form jenes Tieres, das vorher schlafende Puppe und vor der Puppe gefräßige Raupe war. Der Schmetterling lebt nicht, um zu fressen und alt zu werden, er lebt einzig, um zu lieben und zu zeugen, dazu ist er mit einem unerhört prachtvollen Kleide angetan, mit Flügeln, die viele Male größer sind als der Leib und die in Schnitt und Farben, in Schuppen und Flaum, in einer höchst mannigfaltigen und raffinierten Sprache das Geheimnis seines Daseins ausdrücken, nur um es intensiver zu leben, um das andere Geschlecht zauberischer und verführerischer zu locken, das Fest der Fortpflanzung strahlender zu begehen. Diese Bedeutung des Schmetterlings und seiner Prächtigkeit ist zu allen Zeiten von allen Völkern empfunden worden, er ist eine einfache und eindeutige Offenbarung. Und weiter wurde er, weil er ein festlicher Liebender und ein strahlend Verwandelter ist, Sinnbild zugleich der Kurzlebigkeit wie der ewigen Fortdauer, wurde den Menschen schon in früher Zeit zum Gleichnis und Wappentier der Seele.

Nebenbei sei festgestellt: das Wort »Schmetterling« ist weder sehr alt, noch ist es in vielen deutschen Mundarten gemeinsam gewesen. Man hat dieses merkwürdige Wort, das etwas höchst Lebendiges und Energisches und daneben auch etwas Rohes, ja Unpassendes hat, früher nur in Sachsen und vielleicht in Thüringen gekannt und gebraucht, es ist erst im 18. Jahrhundert in die Schriftsprache eingegangen und allgemein geworden. Süddeutschland und Schweiz haben es vorher nicht gekannt, hier war der älteste und schönste Name für den Schmetterling: Fifalter (auch Zwiespalter), aber weil die Sprache der Menschen ebenso wie die Sprache und Schrift auf den Falterflügeln nicht ein Werk des Verstandes und der Berechnung, sondern der schaffenden und dichtenden Spielkräfte ist, hat sich die Sprache hier wie bei allen Dingen, die das Volk liebt, nicht mit einem Namen begnügt, sondern ihm mehrere, ja viele gegeben. In der Schweiz wird noch heute der Schmetterling meistens entweder Fifalter oder Vogel (Tagvogel, Nachtvogel) oder Sommervogel genannt. Wenn schon das ganze Geschlecht der Falter so mannigfache Namen trug (es gibt auch die Namen Butterfliege, Molkendieb und eine Reihe anderer), so kann man sich denken, wie viele, nach den Landschaften und Mundarten wechselnde Namen es erst für die einzelnen Arten der Schmetterlinge gibt – oder bald wird man sagen müssen: gab, denn gleich den einheimischen Blumennamen sterben sie langsam aus, und wären unter den Knaben nicht immer wieder Freunde und Sammler der Falter, so würden diese zum großen Teil wundervollen Namen allmählich ebenso verschwinden, wie in vielen Gegenden der Reichtum an Schmetterlingsarten seit der Industrialisierung und seit der Rationalisierung der Landwirtschaft ausgestorben und verschwunden sind.

Und zugunsten der Schmetterlingssammler, der Buben wie der Alten, sei noch ein Weiteres gesagt. Daß die Sammler Falter töten, sie auf Nadeln spießen und präparieren, um sie möglichst schön und möglichst haltbar aufbewahren zu können, das wird seit der Zeit J. J. Rousseaus häufig mit sentimentaler Gebärde als rohe Grausamkeit bezeichnet, und die Literatur zwischen 1750 und 1850 kennt außerdem als komische Pedantenfigur den Mann, der die Falter nur tot und auf Nadeln gespießt genießen und bewundern

Waldwiesen-Vögelchen

kann. Das war schon damals zum Teil Unsinn und ist es heute beinahe ganz. Natürlich gibt es, bei den Buben wie bei den Großen, jene Art von Sammlern, welche niemals soweit kommen, die Falter am liebsten in Ruhe zu lassen und sie lebendig in ihrer Freiheit zu belauschen. Aber selbst noch die roheren unter den Faltersammlern tragen dazu bei, daß man die Falter nicht vergißt, daß sich da und dort in manchem Bezirk ihre alten, wunderbaren Namen erhalten, und sie tragen je und je auch dazu bei, daß die lieben Schmetterlinge überhaupt noch bei uns vorhanden sind. Denn so wie die Freude an der Jagd am Ende überall dahin führt, daß man nicht bloß das Jagen, sondern nicht minder das Hegen lernen und üben muß, so haben die Falterjäger natürlich als erste erkannt, wie mit dem Ausrotten mancher Pflanzenarten (z.B. der Brennessel) und mit anderen gewaltsamen Eingriffen in den Naturhaushalt einer Gegend der Bestand an Faltern rasch ärmer wird und verkommt. Und zwar nicht so, daß es dann etwa weniger Kohlweißlinge und andere Feinde der Bauern und Gärtner gäbe, sondern es sind die edleren, selteneren und schönsten Arten, die unterliegen und verschwinden, wenn irgendwo in ei-

Kohlweißling

ner Landschaft die Menschen zu heftig ins Organisieren geraten. Der rechte Falterfreund behandelt nicht nur Raupe, Puppe und Eier mit Schonung, er tut auch, was er kann, um in seinem Umkreis möglichst vielerlei Faltern das Leben zu ermöglichen. Ich habe selber, obwohl ich seit vielen Jahren kein Sammler mehr bin, schon gelegentlich Brennesseln gepflanzt.

Jeder Knabe, der eine Schmetterlingssammlung hat, hat auch schon von den viel größeren, viel bunteren, viel prachtvolleren Faltern reden hören, die es in den heißen Ländern, in Indien, in Brasilien, auf Madagaskar gibt. Mancher hat auch solche zu Gesicht bekommen, im Museum oder bei Liebhabern, denn heute kann man solche exotischen Falter, unter Glas auf Watte präpariert (und oft sehr schön präpariert), auch kaufen, und wer sie nicht selber gesehen hat, dem sind doch Abbildungen unter die Augen gekommen. Ich weiß noch, wie sehr ich als junger Mensch mir wünschte, einmal einen gewissen Schmetterling zu sehen, der nach Angabe der Bücher im Monat Mai in Andalusien fliegen soll. Und als ich da und dort bei Freunden und in Museen manche von den großen Prachtfaltern aus den Tropen zu sehen bekam, habe ich jedesmal etwas von dem unsäglichen Entzücken der Kindheit wieder in mir zucken fühlen, etwas von dem atemberaubenden Entzücken, das ich z.B. als Knabe beim ersten Anblick des Falters Apollo empfunden hatte. Und zugleich mit diesem Entzücken, das auch Wehmut enthält, tat ich beim Anblick solcher Wunderfalter oft auch mitten aus meinem gar nicht immer dichterischen Leben jenen Schritt in das Goethesche Erstaunen hinein und erlebte einen Augenblick der Bezauberung, der

Andacht und Frömmigkeit.

Und später geschah mir sogar das nie für möglich Gehaltene, daß ich selber über die großen Meere fahren, an heißen fremden Küsten aussteigen, auf großen krokodilbevölkerten Flüssen durch tropische Wälder fahren und tropische Falter lebendig in ihrer Heimat betrachten sollte. Viele Knabenträume erfüllten sich mir da, und es sind manche von ihnen mit der Erfüllung schal geworden. Aber der Falterzauber versagte nicht; dieses Türchen zum Unaussprechlichen, dieser holde und mühelose Weg ins »Erstaunen« hat mich selten im Stich gelassen.

In Penang habe ich zum erstenmal lebendige Tropenfalter fliegen sehen, in Kuala Lumpur habe ich zum erstenmal einige von ihnen gefangen, und auf Sumatra lebte ich eine schöne kurze Zeit am Batang Hari, hörte nachts die wilden Gewitter in den Dschungel krachen und sah am Tage in den Waldlichtungen die fremden Falter schweben, mit ihrem unerhörten Grün und Gold, ihren Edelsteinfarben. Keiner von ihnen ist, wenn ich ihn präpariert auf der Nadel oder unter Glas wiedersah, mehr ganz so erregend herrlich, so märchenhaft gewesen, wie er draußen gewesen war, zwischen den schweifenden Schatten und Lichtern, wo er noch lebte, wo die Farben der Flügel noch von innen her belebt waren, wo zur Farbe noch die Bewegung kam, der oft so ausdrucksvolle, oft so geheimnisvolle Flug, und wo das Wunder nicht so platt meiner Neugierde preisgegeben war, sondern jägerhaft im Moment erspäht und erlebt werden mußte. Immerhin ist es erstaunlich, wie gut man Schmetterlinge erhalten kann. Die meisten farbigen Lebewesen, Tiere wie Pflanzen, verlieren auch beim besten Präparieren im Tode das Schönste. Man betrachte einmal, wenn einem das Beispiel von Blumen nicht genügt, etwa das Gefieder eines Vogels, den ein Jäger soeben geschossen hat, und betrachte denselben Vogel einen halben Tag später: Noch immer ist das Blau, das Gelb, das Grün oder Rot vorhanden, aber es ist ein feindlicher Hauch darübergegangen, es fehlt etwas, es schimmert noch, aber strahlt nicht mehr, es ist etwas erloschen und dahin, das nicht wiederkommt. Bei den Faltern und manchen Käfern ist der Unterschied viel geringer, sie lassen sich in ihrer Farbenpracht auch im Tode sehr viel besser erhalten als irgendwelche andere Tiere. Man kann sie sogar sehr lange aufbewahren, Jahrzehnte lang; nur müssen sie außer vor Insekten auch vor Licht und namentlich vor Sonnenlicht geschützt werden.

Auch die malaiischen Völker, in deren Ländern ich damals reiste, hatten ihre Namen für die Schmetterlinge, verschiedene und lauter schöne Namen. Und der Sammelname »Schmetterling« enthielt in seinem Klang jedesmal die lebendige Erinnerung an das zweigeteilte Flügelwesen, wie sie im alten deutschen Wort »Zwiespalter«, in »Fifalter«, im italienischen farfalla usw. überall klingt. Meistens nannten die Malaien den Schmetterling entweder kupu kupu oder lapa lapa – beide Namen klingen wie flatternder Flügelschlag. Dies »lapa lapa« ist etwas ebenso lebendig Schönes, etwas ebenso Ausdrucksvolles und unbewußt Schöpferisches wie das Auge auf dem Flügel eines Pfauenauges oder der auf die rußige Flügel-Rückseite eines einheimischen Falters mit weißer Farbe geschriebene Buchstabe C.

Wer die Tafeln mit den Bildern dieser märchenhaften Falter hier betrachtet, den möge da und dort und überall das große Erstaunen befallen, die Vorstufe des Erkennens sowohl wie der Ehrfurcht. (1935)

Tagpfauenauge

Der Schmetterling

Mir war ein Weh geschehen,
Und da ich durch die Felder ging,
Da sah ich einen Schmetterling,
Der war so weiß und dunkelrot,
Im blauen Winde wehen.

O du! In Kinderzeiten,
Da noch die Welt so morgenklar
Und noch so nah der Himmel war,
Da sah ich dich zum letztenmal
Die schönen Flügel breiten.

Du farbig weiches Wehen,
Das mir vom Paradiese kam,
Wie fremd muß ich und voller Scham
Vor deinem tiefen Gottesglanz
Mit spröden Augen stehen!

Feldeinwärts ward getrieben
Der weiß' und rote Schmetterling,
Und da ich träumend weiterging,
War mir vom Paradiese her
Ein stiller Glanz geblieben.

[Der früheste Tag meines Lebens ...]*

20 | Eine genauere Erinnerung an Erlebnisse und an fortdauernde Zustände kann ich nicht weiter als bis in mein fünftes Jahr zurückverfolgen. Hier finde ich zuerst ein Bild meiner Umgebung, meiner Eltern und unseres Hauses sowie der Stadt und der Landschaft, in welcher ich aufwuchs. In dieser Zeit hat sich die freie, sonnige Straße mit nur einer Häuserreihe vor der Stadt mir eingeprägt, in der wir wohnten, ferner die auffallenderen Gebäude der Stadt, das Rathaus, das Münster und die Rheinbrücken, und am meisten ein weites Wiesenland, hinter unserem Hause beginnend und für meine Kinderschritte ohne Grenzen. Alle tiefen Gemütserlebnisse, alle Menschen, selbst Porträts meiner Eltern, scheinen mir nicht so früh deutlich geworden wie diese Wiese mit unzähligen Einzelheiten. Meine Erinnerung an sie scheint mir älter zu sein als diejenige an Menschengesichter und erlittene eigene Schicksale. Mit meiner Schamhaftigkeit, welche schon früh von einem Widerwillen gegen eigenmächtige Berührung meines Leibes durch fremde Hände des Arztes oder der Dienstboten begleitet war, hängt vielleicht meine frühzeitige Lust am Alleinsein im Freien zusammen. Die vielen stundenlangen Spaziergänge jener Zeit hatten immer die unbetretensten grünen Wildnisse jener großen Wiese zum Ziel.

* Titel in eckigen Klammern, bei Auszügen aus größeren Textzusammenhängen, stammen vom Herausgeber.

Diese Zeiten der Einsamkeit im Grase sind es auch, die beim Erinnern mich besonders stark mit dem wehen Glücksgefühl erfüllen, das unsere Gänge auf Kindheitswegen meist begleitet. Auch jetzt steigt mir der Grasduft jener Ebene in feinen Wolken zu Haupt, mit der sonderbaren Überzeugung, daß keine andere Zeit und keine andere Wiese solche wunderbaren Zittergräser und Schmetterlinge hervorbringen kann, so satte Wasserpflanzen, so goldene Butterblumen und so reichfarbene köstliche Lichtnelken, Schlüsselblumen, Glockenblumen und Skabiosen. Ich fand nie wieder so herrlich schlanken Wegerich, so gelbbrennenden Mauerpfeffer, so verlockend schillernde Eidechsen und Schmetterlinge, und mein Verstand beharrt nur müde und mit geringem Eifer auf der Erkenntnis, daß nicht die Blumen und Eidechsen sich seither so zum Üblen verwandelt haben, sondern nur mein Gemüt und mein Auge.

Beim Darandenken ist mir zumut, als wäre alles Kostbare, was ich später mit Augen sah und mit Händen besaß, und selber meine Kunst, gering gegen die Herrlichkeiten jener Wiese. Da waren helle Morgen, an denen ich, ins Gras gestreckt, den Kopf auf den Händen, über das von Sonne flimmernde, gekräuselte Meer der Gräser hinwegschaute, in welchem rote Inseln von Mohn, blaue von Glockenblumen und lilafarbene von Schaumkraut lagen. Darüber flatterten und reizten mich die blitzgelben Zitronenfalter, die zarten Bläulinge, die in einem kostbaren, gleichsam antiquarisch seltenen Schimmer aufleuchtenden Schiller- und Distelfalter, die schweren Flügel der Trauermäntel, das Edelwild der Segler und Schwalbenschwänze, der schwarzrote Admiral, der seltene, mit Ehrfurcht genannte Apollo. Dieser, den ich aus Beschreibungen meiner Kameraden schon kannte, flog mich eines Tages an, setzte sich in meiner Nähe an die Erde und regte langsam die wunderbaren, alabasternen Flügel, daß ich ihre feine Zeichnung und Rundung sehen konnte, und die blanken Diamantlinien, und auf den Flügelpaaren beide hellblutrote Augen. Weniges aus dieser fernen Zeit hat sich so stark und frisch in meinem Gedächtnis erhalten wie die atemlose, herzklopfende Wonne, welche mich bei diesem Anblick durchdrang. Aber nach der unberechenbaren und grausamen Art der Kinder beschlich ich bald das edle Tier und warf meinen Hut nach ihm. Er schaute um sich, stieg mit elegantem Schwunge auf und war allsogleich in der flirrend goldenen Sonnenluft verschwunden. Irgendeine Art von wissenschaftlichem Interesse war in meinen Jagden und Sammlungen niemals. Die Raupen und die Namen der Schmetterlinge, dortlands Sommervöglein, »Summervögli«, genannt, waren mir nicht wichtig, und für viele erfand ich eigene Namen. Eine Art von rötlichen Fliegen nannte ich »Zitterlinge«, eine Gattung brauner »Schnabler«, und für den gesamten Pöbel der Weißlinge, Waldteufel und anderer wenig schöner und rarer Schmetterlinge hatte ich den verächtlichen Sammelnamen Tolpatsch. Für die gesammelte tote Beute hatte ich wenig Sorgfalt und habe es nie zu einer sauberen Sammlung gebracht. (Aus »Hermann Lauscher«; 1896)

Blauer Schmetterling

Flügelt ein kleiner blauer
Falter vom Wind geweht,
Ein perlmutterner Schauer,
Glitzert, flimmert, vergeht.

So mit Augenblicksblinken,
So im Vorüberwehn
Sah ich das Glück mir winken,
Glitzern, flimmern, vergehn.

Bläuling

Zitronenfalter

Das Nachtpfauenauge

Mein Gast und Freund Heinrich Mohr war von seinem Abendspaziergang heimgekehrt und saß nun bei mir im Studierzimmer, noch beim letzten Tageslicht. Vor den Fenstern lag weit hinaus der bleiche See, scharf vom hügeligen Ufer gesäumt. Wir sprachen, da eben mein kleiner Sohn uns gute Nacht gesagt hatte, von Kindern und von Kindererinnerungen.

»Seit ich Kinder habe«, sagte ich, »ist schon manche Liebhaberei der eigenen Knabenzeit wieder bei mir lebendig geworden. Seit einem Jahr etwa habe ich sogar wieder eine Schmetterlingssammlung angefangen. Willst du sie sehen?«

Er bat darum, und ich ging hinaus, um zwei oder drei von den leichten Pappkästen hereinzuholen. Als ich den ersten öffnete, merkten wir beide erst, wie dunkel es schon geworden war; man konnte kaum noch die Umrisse der aufgespannten Falter erkennen.

Ich griff zur Lampe und strich ein Zündholz an, und augenblicklich versank die Landschaft draußen und die Fenster standen voll von undurchdringlichem Nachtblau.

Meine Schmetterlinge aber leuchteten in dem hellen Lampenlicht prächtig aus dem Kasten. Wir beugten uns darüber, betrachteten die schönfarbigen Gebilde und nannten ihre Namen.

»Das da ist ein gelbes Ordensband«, sagte ich, »lateinisch *fulminea*, das gilt hier für selten.«

Heinrich Mohr hatte vorsichtig einen der Schmetterlinge an seiner Nadel aus dem Kasten gezogen und betrachtete die Unterseite seiner Flügel.

»Merkwürdig«, sagte er, »kein Anblick weckt die Kindheitserinnerungen so stark in mir wie der von Schmetterlingen.«

Und, indem er den Falter wieder an seinem Ort ansteckte und den Kastendeckel schloß: »Genug davon!«

Er sagte es hart und rasch, als wären diese Erinnerungen ihm unlieb. Gleich darauf, da ich den Kasten weggetragen hatte und wieder hereinkam, lächelte er mit seinem braunen, schmalen Gesicht und bat um eine Zigarette.

»Du mußt mir's nicht übel nehmen«, sagte er dann, »wenn ich deine Sammlung nicht genauer angeschaut habe. Ich habe als Junge natürlich auch eine gehabt, aber leider habe ich mir selber die Erinnerung daran verdorben. Ich kann es dir ja erzählen, obwohl es eigentlich schmählich ist.«

Nachtpfauenauge

Er zündete seine Zigarette über dem Lampenzylinder an, setzte den grünen Schirm auf die Lampe, so daß unsre Gesichter in Dämmerung sanken, und setzte sich auf das Gesimse des offenen Fensters, wo seine schlanke hagere Figur sich kaum von der Finsternis abhob. Und während ich eine Zigarette rauchte und draußen das hochtönige ferne Singen der Frösche die Nacht erfüllte, erzählte mein Freund das Folgende.

Das Schmetterlingssammeln fing ich mit acht oder neun Jahren an und trieb es anfangs ohne besonderen Eifer wie andre Spiele und Liebhabereien auch. Aber im zweiten Sommer, als ich etwa zehn Jahre alt war, da nahm dieser Sport mich ganz gefangen und wurde zu einer solchen Leidenschaft, daß man ihn mir mehrmals meinte verbieten zu müssen, da ich alles andere darüber vergaß und versäumte. War ich auf dem Falterfang, dann hörte ich keine Turmuhr schlagen, sei es zur Schule oder zum Mittagessen, und in den Ferien war ich oft, mit einem Stück Brot in der Botanisierbüchse, vom frühen Morgen bis zur Nacht draußen, ohne zu einer Mahlzeit heimzukommen.

Ich spüre etwas von dieser Leidenschaft noch jetzt manchmal, wenn ich besonders schöne Schmetterlinge sehe. Dann überfällt mich für Augenblicke wieder das namenlose, gierige Entzücken, das nur Kinder empfinden können und mit dem ich als Knabe meinen ersten Schwalbenschwanz beschlich. Und dann fallen mir plötzlich ungezählte Augenblicke und Stunden der Kinderzeit ein, glühende Nachmittage in der trockenen, stark duftenden Heide, kühle Morgenstunden im Garten oder Abende an geheimnisvollen Waldrändern, wo ich mit meinem Netz auf der Lauer stand wie ein Schatzsucher und jeden Augenblick auf die tollsten Überraschungen und Beglückungen gefaßt war. Und wenn ich dann einen schönen Falter sah, er brauchte nicht einmal besonders selten zu sein, wenn er auf einem Blumenstengel in der Sonne saß und die farbigen Flügel atmend auf und ab bewegte und mir die Jagdlust den Atem verschlug, wenn ich näher und näher schlich und jeden leuchtenden Farbenfleck und jede kristallene Flügelader und jedes feine braune Haar der Fühler sehen konnte, das war eine Spannung und Wonne, eine Mischung von zarter Freude mit wilder Begierde, die ich später im Leben selten mehr empfunden habe.

Meine Sammlung mußte ich, da meine Eltern arm waren und mir nichts dergleichen schenken konnten, in einer gewöhnlichen alten Kartonschachtel aufbewahren. Ich klebte runde Korkscheiben, aus Flaschenpfropfen geschnitten, auf den Boden, um die Nadeln hineinzustecken, und zwischen den zerknickten Pappdeckelwänden dieser Schachtel hegte ich meine Schätze. Anfangs zeigte ich gern und häufig meine Sammlung den Kameraden, aber andere hatten Holzkästen mit Glasdeckeln, Raupenschachteln mit grünen Gazewänden und anderen Luxus, so daß ich mit meiner primitiven Einrichtung mich nicht eben brüsten konnte. Auch war mein Bedürfnis danach nicht groß und ich gewöhnte mir an, sogar wichtige und aufregende Fänge zu verschweigen und die Beute nur meinen Schwestern zu zeigen. Einmal hatte ich den bei uns seltenen blauen Schillerfalter erbeutet und aufgespannt, und als er trocken war, trieb mich der Stolz, ihn doch wenigstens meinem Nachbarn zu zeigen, dem Sohn eines Lehrers, der überm Hof wohnte. Dieser Junge hatte das Laster der Tadellosigkeit, das bei Kindern doppelt unheimlich ist. Er besaß eine kleine unbedeutende Sammlung, die aber durch ihre Nettigkeit und exakte Erhaltung zu einem Juwel wurde. Er verstand sogar die seltene und schwierige Kunst, beschädigte und zerbrochene Falterflügel wieder zusammenzuleimen, und war in jeder Hinsicht ein Musterknabe, weshalb ich ihn denn mit Neid und halber Bewunderung haßte.

Diesem jungen Idealknaben zeigte ich meinen Schillerfalter. Er begutachtete ihn fachmännisch, anerkannte seine Seltenheit und sprach ihm einen Barwert von etwa zwanzig Pfennigen zu; denn der Knabe Emil wußte alle Sammelobjekte, zumal Briefmarken und Schmetterlinge, nach ihrem Geldwert zu taxieren. Dann fing er aber an zu kritisieren, fand meinen Blauschiller schlecht aufgespannt, den rechten Fühler gebogen, den linken ausgestreckt, und entdeckte richtig auch noch einen Defekt, denn dem Falter fehlten zwei Beine. Ich schlug zwar diesen Mangel nicht hoch an, doch hatte mir der Nörgler die Freude an meinem Schiller einigermaßen verdorben und ich habe ihm nie mehr meine Beute gezeigt.

Zwei Jahre später, wir waren schon große Buben, aber meine Leidenschaft war noch in voller Blüte, verbreitete sich das Gerücht, jener Emil habe ein Nachtpfauenauge gefangen. Das war nun für mich weit aufregender, als wenn ich heute höre, daß ein Freund von mir eine Million geerbt oder die verlorenen Bücher des Livius gefunden habe. Das Nachtpfauenauge hatte noch keiner von uns gefangen, ich kannte es überhaupt nur aus der Abbildung eines alten Schmetterlingsbuches, das ich besaß und dessen mit der Hand kolorierte Kupfer unendlich viel schöner und eigentlich auch exakter waren als alle modernen Farbendrucke. Von allen Schmetterlingen, deren Namen ich kannte und die in meiner Schachtel noch fehlten, ersehnte ich keinen so glühend wie das Nachtpfauenauge. Oft hatte ich die Abbildung in meinem Buch betrachtet, und ein Kamerad hatte mir erzählt: Wenn der braune Falter an einem Baumstamm oder Felsen sitze und ein Vogel oder anderer Feind ihn angreifen wolle, so ziehe er nur die gefalteten

Großer Schillerfalter

dunkleren Vorderflügel auseinander und zeige die schönen Hinterflügel, deren große helle Augen so merkwürdig und unerwartet aussähen, daß der Vogel erschrecke und den Schmetterling in Ruhe lasse.

Dieses Wundertier sollte der langweilige Emil haben! Als ich es hörte, empfand ich im ersten Augenblick nur die Freude, endlich das seltenen Tier zu Gesicht zu bekommen, und eine brennende Neugierde darauf. Dann stellte sich freilich der Neid ein und es schien mir schnöde zu sein, daß gerade dieser Langeweiler und Mops den geheimnisvollen kostbaren Falter hatte erwischen müssen. Darum bezwang ich mich auch und tat ihm die Ehre nicht an, hinüberzugehen und mir seinen Fang zeigen zu lassen. Doch brachte ich meine Gedanken von der Sache nicht los, und am nächsten Tage, als das Gerücht sich in der Schule bestätigte, war ich sofort entschlossen, doch hinzugehen.

Nach Tisch, sobald ich vom Hause wegkonnte, lief ich über den Hof und in den dritten Stock des Nachbarhauses hinauf, wo neben Mägdekammern und Holzverschlägen der Lehrerssohn ein oft von mir beneidetes kleines Stübchen für sich allein bewohnen durfte. Niemand begegnete mir unterwegs, und als ich oben an die Kammertür klopfte, erhielt ich keine Antwort. Emil war nicht da, und als ich die Türklinke versuchte, fand ich den Eingang offen, den er sonst während seiner Abwesenheit peinlich verschloß. Ich trat ein, um das Tier doch wenigstens zu sehen, und nahm sofort die beiden großen Schachteln vor, in welchen Emil seine

Sammlung verwahrte. In beiden suchte ich vergebens, bis mir einfiel, der Falter werde noch auf dem Spannbrett sein. Da fand ich ihn denn auch: die braunen Flügel mit schmalen Papierstreifen
überspannt, hing das Nachtpfauenauge am Brett, ich beugte mich darüber und sah alles aus nächster Nähe an, die behaarten hellbraunen Fühler, die eleganten und unendlich zart gefärbten Flügelränder, die feine wollige Behaarung am Innenrand der unteren Flügel. Nur gerade die Augen konnte ich nicht sehen, die waren vom Papierstreifen verdeckt.

Mit Herzklopfen gab ich der Versuchung nach, die Streifen loszumachen, und zog die Stecknadel heraus. Da sahen mich die vier großen merkwürdigen Augen an, weit schöner und wunderlicher als auf der Abbildung, und bei ihrem Anblick fühlte ich eine so unwiderstehliche Begierde nach dem Besitz des herrlichen Tieres, daß ich unbedenklich den ersten Diebstahl meines Lebens beging, indem ich sachte an der Nadel zog und den Schmetterling, der schon trocken war und die Form nicht verlor, in der hohlen Hand aus der Kammer trug. Dabei hatte ich kein Gefühl als das einer ungeheuren Befriedigung.

Das Tier in der rechten Hand verborgen, ging ich die Treppe hinab. Da hörte ich, daß von unten mir jemand entgegenkam, und in dieser Sekunde wurde mein Gewissen wach, ich wußte plötzlich, daß ich gestohlen hatte und ein gemeiner Kerl war, zugleich befiel mich eine ganz schreckliche Angst vor der Entdekkung, so daß ich instinktiv die Hand, die den Raub umschlossen hielt, in die Tasche meiner Jacke steckte. Langsam ging ich weiter, zitternd und mit einem kalten Gefühl von Verworfenheit und Schande, ging angstvoll an dem heraufkommenden Dienstmädchen vorbei und blieb an der Haustüre stehen, mit klopfendem Herzen und schwitzender Stirn, fassungslos und vor mir selbst erschrocken.

Alsbald wurde mir klar, daß ich den Falter nicht behalten könne und dürfe, daß ich ihn zurücktragen und alles nach Möglichkeit ungeschehen machen müsse. So kehrte ich denn, trotz aller Angst vor einer Begegnung und Entdeckung, schnell wieder um, sprang mit Eile die Stiege hinan und stand eine Minute später wieder in Emils Kammer. Vorsichtig zog ich die Hand aus der Tasche und legte den Schmetterling auf den Tisch, und ehe ich ihn wieder sah, wußte ich das Unglück schon und war dem Weinen nah, denn das Nachtpfauenauge war zerstört. Es fehlte der rechte Vorderflügel und der rechte Fühler, und als ich den abgebrochenen Flügel vorsichtig aus der Tasche zu ziehen suchte, war er zerschlissen und an kein Flicken mehr zu denken.

Abendpfauenauge

Beinahe noch mehr als das Gefühl des Diebstahls peinigte mich nun der Anblick des schönen seltenen Tieres, das ich zerstört hatte. Ich sah an meinen Fingern den zarten braunen Flügelstaub hängen und den zerrissenen Flügel daliegen und hätte jeden Besitz und jede Freude gern hingegeben, um ihn wieder ganz zu wissen.

Traurig ging ich nach Hause und saß den ganzen Nachmittag in unsrem kleinen Garten, bis ich in der Dämmerung den Mut fand, meiner Mutter alles zu erzählen. Ich merkte wohl, wie sie erschrak und traurig wurde, aber sie mochte fühlen, daß schon dies Geständnis mich mehr gekostet habe als die Erduldung jeder Strafe.

»Du mußt zum Emil hinübergehen«, sagte sie bestimmt, »und es ihm selber sagen. Das ist das einzige, was du tun kannst, und ehe das nicht geschehen ist, kann ich dir nicht verzeihen. Du kannst ihm anbieten, daß er sich irgend etwas von deinen Sachen aussucht, als Ersatz, und du mußt ihn bitten, daß er dir verzeiht.«

Das wäre mir nun bei jedem anderen Kameraden leichter gefallen als bei dem Musterknaben. Ich fühlte im voraus genau, daß er mich nicht verstehen und mir womöglich gar nicht glauben würde, und es wurde Abend und beinahe Nacht, ohne daß ich hinzugehen vermochte. Da fand mich meine Mutter unten im Hausgang und sagte leise: »Es muß heut noch sein, geh jetzt!« Und da ging ich hinüber und fragte im untern Stock nach Emil, er kam und erzählte sofort, es habe ihm jemand das Nachtpfauenauge kaputtgemacht, er wisse nicht, ob ein schlechter Kerl oder vielleicht ein Vogel oder die Katze, und ich bat ihn, mit mir hinaufzugehen und es mir zu zeigen. Wir gingen hinauf, er schloß die Kammertür auf und zündete eine Kerze an, und ich sah auf dem Spannbrett den verdorbenen Falter liegen. Ich sah, daß er daran gearbeitet hatte, ihn wiederherzustellen, der kaputte Flügel war sorgfältig ausgebreitet und auf ein feuchtes Fließpapier gelegt, aber er war unheilbar, und der Fühler fehlte ja auch.

Nun sagte ich, daß ich es gewesen sei, und versuchte zu erzählen und zu erklären.

Da pfiff Emil, statt wild zu werden und mich anzuschreien, leise durch die Zähne, sah mich eine ganze Weile still an und sagte dann: »So so, also so einer bist du.«

Ich bot ihm alle meine Spielsachen an, und als er kühl blieb und mich immer noch verächtlich ansah, bot ich ihm meine ganze Schmetterlingssammlung an. Er sagte aber:

»Danke schön, ich kenne deine Sammlung schon. Man hat ja heut wieder sehen können, wie du mit Schmetterlingen umgehst.«

In diesem Augenblick fehlte nicht viel, so wäre ich ihm an die Gurgel gesprungen. Es war nichts zu machen, ich war und blieb ein Schuft, und Emil stand kühl in verächtlicher Gerechtigkeit vor mir wie die Weltordnung. Er schimpfte nicht einmal, er sah mich nur an und verachtete mich.

Da sah ich zum erstenmal, daß man nichts wiedergutmachen kann, was einmal verdorben ist. Ich ging weg und war froh, daß die Mutter mich nicht ausfragte, sondern mir einen Kuß gab und mich in Ruhe ließ. Ich sollte zu Bett gehen, es war schon spät für mich. Vorher aber holte ich heimlich im Eßzimmer die große braune Schachtel, stellte sie aufs Bett und machte sie im Dunkeln auf. Und dann nahm ich die Schmetterlinge heraus, einen nach dem andern, und drückte sie mit den Fingern zu Staub und Fetzen. (1911)

Schwalbenschwanz

Widmungsverse zu einem Gedichtbuch

Blätter wehen vom Baume,
Lieder vom Lebenstraume
Wehen spielend dahin;
Vieles ist untergegangen,
Seit wir zuerst sie sangen,
Zärtliche Melodien.

Sterblich sind auch die Lieder,
Keines tönt ewig wieder,
Alle verweht der Wind:
Blumen und Schmetterlinge,
Die unvergänglicher Dinge
Flüchtiges Gleichnis sind.

Mittel-Wegerichfalter

Apollo

Ein Wandertag am Vierwaldstätter See

Der Wandrer lag allein, abseits des Weges, in der warmen Sonne. Sein Blick ging dem Spiele des Lichtes auf den gelben Felsen nach, sein Ohr ruhte im Geräusch des rückwärtigen Sturzbaches aus, welches aus der Ferne noch eben heranreichte, leis und stetig. Seine Seele, in leichtem Halbtraum, ruhte wie ein Vogel mit ausgebreiteten Flügeln über dem lichten Lande seiner Kindheit. Ein brauner Falter flügelte langsam über der Straßenmauer und durchschnitt mit der unruhigen Linie seines Fluges die Umrisse der schmalen Seefläche, die dem Liegenden ins Auge leuchtete. Auf dem dunkelgrünen glänzenden Grund spielte die matte Farbe der Falterflügel heller und reicher, die zarten Flügelränder zitterten wechselnd in einem weißlichen Lichtstreif, als ob der bewegte scharfe Umriß das Licht anzöge.

Im Gedächtnis des Ruhenden stiegen die leidenschaftlichen Wonnen der Knabentage auf, die erregte Lust der sommerlichen Schmetterlingsjagd auf großblumigem Gartenbeet und auf windstillen duftenden Matten, über denen die heiße Luft in glänzenden Wellen zitterte.

Dem Träumer glitten unvermerkt die schwergewordenen Lider über den ermüdeten Blick. Sein Traum lief in atemloser Lust falterjagend über heimatliche Matten und Hänge, und aus der entschleierten Tiefe ferner Erinnerungen überkam den Schläfer eine langvergessene Sehnsucht aus Kinderzeiten – einen Apollo zu sehen. Das Ziel begieriger Knabenwünsche, schneeweiß mit

roten Flecken, hing das Bild des schönen Falterkönigs vor ihm im Blauen. Vertraut und leise anklingend traten andere seltsam liebe Melodien aus vergangenen Jahren heran. Über den Schlafgedanken des Wanderers wölbte sich wunderhell und zart der Himmel seiner Kinderzeit in sehnlicher Bläue empor.

Ein leichter Wind flog kühl vom jenseitigen Gebirge her und traf die gesenkte Stirne des Schlafenden. Lächelnd und langsam schlug er die Augen auf, von der Klarheit der reinen Seeluft und von den fröhlich leuchtenden Farben der Landschaft erquickt. Er richtete sich wohlig auf.

Da glitt ein weißer Schein an ihm vorüber. Er hielt inne, er blickte lauschend auf. Unhörbar und ruhig senkte sich ein heller Schmetterling in elegantem Bogen aus der Luft herab, flog am Boden hin, flatterte, Umschau haltend, und blieb an der abschüssigen, sonnbeglänzten Fläche eines Felsens hängen. Er schien zu lauschen, er bewegte die feinen Fühlhörner, und dann breitete er alle vier Flügel weit und ruhig im warmen Lichte aus. Apollo! Auf den seidenen, weißen Flügeln traten dunklere Adern in zarten Linien mit metallischem Glanze hervor, und mitten auf dem weißen, seidenen Grunde glänzten hellblutrot die prachtvollen Augen.

Der Apollo schlug die Flügel zusammen, daß ihre vornehm längliche Form mit der untadeligen Rundung der Oberflügel deut-

lich sichtbar ward, breitete sich noch einmal wohlig, wie atemholend, in voller Drehung aus und flog auf. Er flog vom Felsen auf die Spitze einer hohen, violetten Distel, von da gegen den See in
die dunklere Tiefe. Dann erhob er sich wieder, schwebte einen Augenblick unschlüssig, tat plötzlich eine Reihe jauchzender Flügelschläge und verschwand nach oben in den tiefen leuchtenden Himmel.

(1901)

Apollo

Falter im Wein

In meinen Becher mit Wein ist ein Falter geflogen,
Trunken ergibt er sich seinem süßen Verderben,
Rudert erlahmend im Naß und ist willig zu sterben;
Endlich hat ihn mein Finger herausgezogen.

So ist mein Herz, von deinen Augen verblendet,
Selig im duftenden Becher der Liebe versunken,
Willig zu sterben, vom Wein deines Zaubers betrunken,
Wenn nicht ein Wink deiner Hand mein Schicksal vollendet.

Der Alpenbär

Am Mittagstisch in Preda war von nichts anderem die Rede als von Alpenbären.

»Seit fünf Tagen suche ich den Alpenbär und habe noch keinen!«

»Ich habe schon zwei, einer ist ein Weibchen.«

»Gestern sah ich einen, aber er war nicht zu erwischen.«

Einer der Herren wandte sich zu mir: »Haben Sie vielleicht schon einen angetroffen?«

»Einen Alpenbären?«

»Nun ja.«

Ich überlegte einen Augenblick. Es beschämte mich nicht wenig, daß ich vom Vorkommen des Bären in diesem Teil Graubündens absolut nichts gewußt hatte. Ich beschloß lieber zu leugnen, als mir eine Blöße zu geben.

»Gesehen habe ich noch keinen«, antwortete ich gleichmütig, »aber brummen gehört hab' ich sie schon öfter.« – Der Herr riß die Augen auf, starrte mich an, schüttelte den Kopf und brach dann in ein Gelächter aus.

»Sie sind nicht Entomolog?« fragte er noch lachend,

»Nein, was ist das?«

»Schmetterlingssammler, meine ich. Der Alpenbär, auch Flavia, ist ein hier in der Gegend vorkommender alpiner Falter. Wir sind alle hinter ihm her.«

»So? Ich dachte, das sei ein Sport für kleine Buben.«

»Doch nicht. Aber, wenn ich fragen darf – was suchen Sie eigentlich in Preda, wenn Sie nicht Entomolog sind?«

Die Frage schien mir naiv, denn Preda liegt wunderbar schön und hoch in den Bergen des Albulagebirges, drei Stunden von der Paßhöhe, und jeder einzelne Berg der Umgebung verlockt zum Steigen, namentlich der Piz Val Lung und der nahe Piz Moulix. Aber es zeigte sich nach wenigen Tagen, daß der Schreckliche recht gehabt hatte. Preda besteht lediglich aus einem kleinen Stationsgebäude und zwei Gasthäusern, und in beiden Gasthäusern sitzen Entomologen. Schmetterlingsnetze, Ätherfläschchen, Acetylenlaternen stehen herum, auf jeder Matte flattert ein Netz, auf jedem Geröllfeld stehen ernste Männer und drehen Stein um Stein um, da die Flavia dort ihre Eier legt. Es sind Sammler da, die seit fünf und mehr Jahren jeden Sommer kommen, manche haben von den seltenen Alpenschmetterlingen schon dreißig und mehr Exemplare zusammengeräubert, andere sehen resigniert und nervös aus, denn sie suchen gewisse Falter schon seit Jahren vergebens.

Es gibt ohne Zweifel unter ihnen Leute, mit denen im täglichen Leben angenehm zu verkehren wäre, aber hier auf dem Tummelplatz ihrer Leidenschaft werden sie fanatisch und unmöglich. Jeder lechzt nach Beute, jeder kontrolliert den anderen. Wer ein seltenes Tier erbeutet hat, gibt dem Kollegen einen falschen Fundort an, weiß aber nicht, daß mindestens einer von ihnen ihm heimlich auf den Fersen war und sich den Ort gemerkt hat. Jeder glaubt Plätze zu kennen und Erfahrungen zu haben, die er bis in den Tod geheimhalten muß. Und wenn einmal ein gefürchteter Konkurrent über ein Wändchen stürzt und die Knochen bricht, vernehmen es die anderen mit nur schlecht geheucheltem Bedauern.

Dies alles macht den Aufenthalt in Preda einigermaßen peinlich. Noch schlimmer aber ist die Ansteckungsgefahr. Nach etwa acht Tagen geschah es, daß ich einem Freunde, mit dem ich die Reise unternommen hatte, auf einer kühlen Bergwanderung mitteilte, ich sei entschlossen, nach meiner Heimkehr eine Schmetterlingssammlung anzulegen, und zwar werde ich zum Töten der gefangenen Tiere nicht Cyankali, sondern Äther verwenden. Mein Begleiter sah mich sonderbar an, und plötzlich erkannte ich das Gefährliche meines Zustandes. Sofort beschloß ich abzureisen. Am Abend aber gelüstete es mich doch, noch einen Blick in das Treiben der Entomologen zu tun; ich schloß mich einer von ihren Touren an und bereute es nicht. Es war meine schönste Nacht in Preda.

Brauner Bär

Nach der Abendmahlzeit brachen wir auf, zwei Schmetterlingsjäger, mein Freund und ich. Es war noch hell, und wir wanderten langsam die schöne Straße bergan, an Palpuogna und an dem wundervollen kleinen Alpensee vorbei, der mitten in seiner glasig grünen Fläche ein großes tiefblaues Auge hat.

»Sehen Sie, die paar wunderbaren schwarzen Bäume dort am See! Wie ein Märchen.«

»Ja, das sind Lärchen. Dort können jetzt leicht ein paar Spanner fliegen. Gehen wir hinunter?«

»Um Gottes willen nicht.«

»Also weiter. Dort ist der Weißenstein.«

Der Weißenstein ist ein früher vielbesuchtes, seit der Eröffnung der Albulabahn aber geschlossenes Gasthaus und der Hauptausgangspunkt für die Beutezüge der Entomologen, nur noch eine knappe Stunde vom Flaviafelsen, dem berühmtesten Fundort des Alpenbären, entfernt.

Ein bequemer Fußweg biegt links von der Paßstraße ab und führt an einem Wasserfall und mehreren großen, öden Geröllhalden vorüber direkt zum Hospiz. Langsam stiegen wir und wendeten unterwegs alle größeren Steine um, darunter Blöcke in Mannesgröße, in der Hoffnung, Eier oder Puppen des Alpenbären zu finden. Doch fiel uns nur eine leere Puppenhülse in die Hände. Wir verloren uns bergaufwärts ins Geröll und mußten an steilen Stellen viel Mühe und Vorsicht anwenden, um mit den gewendeten Steinblöcken einander nicht zu erschlagen. Einen weiteren

Reiz erhielt diese an sich wenig interessante Tätigkeit noch durch die Mitteilung eines Sennen, es gebe unter diesen losen Steinen Massen von Kreuzottern. Aber auch von diesen bekamen wir nichts zu sehen; alles schien wüst und ausgestorben, nur von der Höhe her ertönte zuweilen der grelle, fast höhnische Pfiff eines Murmeltieres.

Die erfolglose Mühe begann mich zu verdrießen, auch wurde es rasch dunkler, und das Arbeiten im Steinschutt wurde fast unmöglich. Jenseits unseres Geröllfeldes stieß ich auf einen beinahe steinfreien Mattenstreifen, auf dem ich ohne Mühe in die Höhe kam. Ich ließ die drei zurück und stieg eine Weile gedanken- und ziellos steil bergan, in die zunehmende Finsternis hinein. Kleine Steine glitten leise unter mir weg, zuweilen schrillte die Spitze meines Bergstocks in einer Felsritze, sonst war nichts zu hören als das schwache Reiben meiner Schuhnägel am Boden.

Mittlerweile gingen, von mir ungesehen, über dem jenseitigen Gipfel die ersten Sterne auf, und als ich mich ausruhend umwandte, wurde mir ein unerwartet mächtiger Anblick. Vor mir fiel der kahle Berg in ununterbrochener, steiler Schräge tief ins Albulatal hinab, das in brauner Öde lag. Zwischen Moorstrecken und Steinwüsten glänzten blaß die vielen winzigen Quellseen, und in jedem schwamm das Spiegelbild eines Sterns. Jenseits des breiten, großartigen Hochtales stiegen die Zwillinge, der Piz Loleis und das Albulahorn, mit scharfen Umrissen in den Nachthimmel. Alles lag in dem ungewissen, grünlichen Sternenlicht und sah verlassener, wilder und größer aus als am Tage. Nächst dem feuchten, fließenden Silberlicht eines windigen Nebelmorgens weiß ich

 keine Stimmung und Beleuchtung, die den eigentümlich grandiosen Charakter des prächtigen Hochpasses so eindringlich und rein vor Augen bringen könnte wie dies graugrüne, kalte, schleierartige Licht einer klaren, aber mondlosen Nacht.

Einen halb gespenstischen, halb komischen Anblick boten von hier aus die beiden Entomologen, die tief unter mir im Geröll ihrer Jagd oblagen. Jeder hatte eine stark leuchtende Blendlaterne aufgestellt, deren Licht auf ein ausgespanntes weißes Leinentuch fiel. Um diese leise zuckenden Lichtstreifen sah ich die beiden Jäger eilig, doch vorsichtig an der Steinhalde hin und wider tanzen, die weißen Schmetterlingsnetze in hastigen Bogen und Kreisen schwingend, um die vom Licht angelockten Nachtfalter einzufangen. Bald erschienen sie undeutlich als irre Flecken, wenn sie sich vom Licht entfernten, bald kehrten sie in die Helle zurück und waren plötzlich scharf zu sehen; zuweilen stürzte einer ausgleitend zu Boden oder kniete nieder, um eine Beute zu bergen. Es sah aus wie der nächtliche Tanz von Wilden. Und das ganze Bild, dies ungeheuer in der Nacht ausgedehnte, von riesigen Bergen umschlossene Alpental mit den beiden leidenschaftlich bewegten, winzigen, einer harmlos tollen Begierde frönenden Menschen, gab mir einen unvergeßlichen Eindruck.

Zurückkehrend fand ich die eine Laterne erloschen und ihren Besitzer in mühsam gedämmter Wut, während der zweite ruhig und lächelnd seine Jagd fortsetzte. Doch ließ er sich bestimmen, nun auch ein Ende zu machen, und beim Schein seines Lichtes gingen wir heimwärts. Ich erkundigte mich nach den Ergebnissen des Falterfangs; der eine von den Sammlern hatte Glück gehabt und war zufrieden, der andere, dessen Laterne versagt hatte, schimpfte halblaut vor sich hin.

»Ihr Kollege hat, scheint's, mehr Glück gehabt als Sie?« sagte ich zu ihm.

»Ja«, knurrte er zornig, »das haben die Dummen ja immer.«

Der andere hörte es wohl, lachte aber nur vergnügt vor sich hin. Einen Alpenbären aber hatte auch er nicht gefangen. Ich allein war so glücklich, einen zu sehen. Er flog, als ich nach der späten Heimkehr im Gasthaus Licht machte, gegen mein Fenster. Doch habe ich ihn weder gefangen noch einem der Sammler verraten. Es war ein schönes Tier, schwarz und gelbbraun, mit starkem behaartem Rumpf. Ich nickte ihm zu, löschte mein Licht und sah ihn rasch flatternd in die bläuliche Nacht verschwinden. (1905)

Schönbär

Bekenntnis

Holder Schein, an deine Spiele
Sieh mich willig hingegeben;
Andre haben Zwecke, Ziele,
Mir genügt es schon, zu leben.

Gleichnis will mir alles scheinen,
Was mir je die Sinne rührte,
Des Unendlichen und Einen,
Das ich stets lebendig spürte.

Solche Bilderschrift zu lesen,
Wird mir stets das Leben lohnen,
Denn das Ewige, das Wesen,
Weiß ich in mir selber wohnen.

Indische Schmetterlinge

Kandy soll der hübscheste Ort auf der schönen Insel Ceylon sein, und die Eisenbahnfahrt dahin von Colombo aus ist eine tolle Folge von Überraschungen und Schönheiten. Kandy selbst aber ist der Rest einer sehr alten Königs- und Priesterstadt, und neuerdings ist es dem Geld der Engländer gelungen, ein bequemes, sauberes, verdorbenes Hotel- und Fremdennest daraus zu machen. Trotzdem ist Kandy schön; denn mit allem Geld und allem Zement der Welt läßt sich das strotzende Wachstum dieser Landschaft nicht kaputtmachen. Da sieht man an grünen Hügelhängen den ganzen überschwenglichen Busch- und Baumwuchs noch viel überschwenglicher von Schlingpflanzen überwachsen, abenteuerlich großblumige Winden und Klematis blühen und duften in ganzen Kaskaden ins Tal herab, wo der künstliche See unheilbar an seinem grotesk unorganischen Zuschnitt leidet. Mutige Engländer gehen an diesem See spazieren, wo alte Frauen mit rostigen Schwertern den Rasen abmähen, und die englischen Spaziergänger fühlen sich nicht belästigt von dem unablässigen Zudrängen der Kutscher, Rikschakulis, Händler und Bettler, die sich kriechend und schamlos anbieten; denn die Engländer sind reich und sind geniale Kolonisatoren, und es macht ihnen ein Hauptvergnügen, dem Untergang der von ihnen erdrückten Völker zuzuschauen. Denn dieser Untergang geht überaus human, freundlich und fröhlich vor sich, er ist kein Totschlagen und nicht einmal ein Ausbeuten, sondern ein stilles, mildes Korrumpieren und moralisches Erledigen. Immerhin, dieser englische Betrieb hat Stil, und Deutsche oder Franzosen würden es viel schlimmer und viel dümmer machen, wie ja überhaupt der Engländer der einzige Europäer ist, der draußen unter den Naturvölkern nicht komisch wirkt. Ich ließ mich denn auch nicht abschrecken, sondern versuchte gleich am ersten Tage möglichst viel von Kandy zu sehen. Leicht ist dies nicht, wenn man offene Ohren und ein etwas zartes Gemüt hat; denn ein Spaziergang durch die Stadt bedeutet ein anstrengendes und empörendes Spießrutenlaufen zwischen den Hyänen der Fremdenindustrie, wie man es auch in Europa nur an den vom englischen Gelde beglückten Fremdenplätzen erleben kann. Schließlich ist man froh, sich zu dem grinsenden Rikschakuli zu flüchten, der einem zwanzigmal mit seiner Wagendeichsel den Weg versperrt und den man zwanzigmal weggejagt hat; er hatte recht, er wußte genau, daß er und alle seine Kollegen jeden Versuch eines Neulings, in Kandy spazierenzugehen, stets mit der Flucht in einen Wagen enden lassen.

Nun, man kann sich an vieles gewöhnen. Ich hatte mich mit der Hitze von Singapore und Colombo, mit den Moskitos des Urwalds, mit indischen Mahlzeiten, mit Durchfall und Kolik abgefunden, so mußte es auch hier gehen. Ich lernte, an den schönsten kleinen Mädchen mit den traurigsten schwarzen Inderaugen vorbeizusehen, wenn sie bettelten, ich lernte die weißhaarigsten Urgroßväter, die wie Heilige aussahen, mit kalten Blicken zurückzuweisen, ich gewöhnte mich an ein treues Gefolge von käuflichen Menschen jeder Art, das ich durch feldherrnhafte Handbewegungen und grobe Zurufe in Schranken zu halten wußte. Ich lernte sogar, mich über Indien lustig zu machen, und ich schluckte die scheußliche Erfahrung, daß der seelenvolle, suchende Beterblick der meisten Inder gar nicht ein Ruf nach Göttern und Erlösung ist, sondern einfach ein Ruf nach Money.

Als ich aber beinahe soweit war, beging ich in meinem Übermut die Tollheit, eines Nachmittags mit meinem Schmetterlingsnetz in der Hand auszugehen. Daß das die Neugierde und vielleicht den Spott der Straßenjugend provozieren würde, hatte ich im voraus bedacht – dagegen war ich von den sonst so gutmütigen Malayen her abgehärtet – und wirklich riefen sämtliche Gassenbuben mit Gelächter mir etwas gurgelnd Singhalesisches nach. Ich

Großer Perlmutterfalter

fragte einen singhalesischen studierenden Jüngling, der mir mit Büchern unterm Arm begegnete, was der Ausruf bedeute; er lä-

chelte höflich und sagte leise: *»Oh, master, they are telling that you are an Englishman who is trying to catch butterflies!«* Die Buben sahen freilich drein, als hätten sie weniger harmlose Sachen gerufen. Zufrieden ging ich weiter und war auch dadurch nicht zu überraschen, daß zahlreiche andere Jungen sich mir anschlossen, die mir gute Schmetterlingsplätze zeigen wollten, mich mit Eifer auf jede vorüberschwirrende Fliege aufmerksam machten und dabei jedesmal die Hand um einen Penny ausstreckten. Dies alles konnte mich kaum mehr stören, und als die Straße stiller wurde und ein naher, schmaler Waldweg Einsamkeit verhieß, schlug ich aufatmend mit einem Rest von Humor die letzten Peiniger in die Flucht und bog rasch in den rettenden Pfad ein.

So geht der Mensch verblendet seinen Weg und glaubt zu siegen, wo er der elend Geschlagene ist. Während ich stolz dahinschritt und mir einbildete, ich habe es wieder einmal sehr schlau gemacht, war schon das Verhängnis über mir und eine Angel nach mir ausgeworfen, die ich nicht ahnte und an der ich lange zu schlucken haben sollte. Die ganze Zeit her war dreißig Schritte hinter mir ein schöner stiller Mann oder Herr gegangen, mit krausem tiefschwarzem Haar, mit braunen traurigen Augen und einem schönen schwarzen Schnurrbart. Er hieß, wie ich später erfahren sollte, Victor Hughes, und es war mir vom Schicksal bestimmt, dieses Mannes Opfer zu werden.

Mit ehrerbietigem Gruße trat er zu mir heran, lächelte mit feiner Höflichkeit und erlaubte sich, mich in tadellosem Englisch darauf aufmerksam zu machen, daß dieser Weg in einen Steinbruch führe und daß hier auf keinerlei Ausbeute an Schmetterlingen zu hoffen sei. Dort drüben hingegen, mehr rechts, sei keine üble Gegend und dort südlich, auf der andern Talseite, sei einer der allerbesten Plätze. Ehe ich viel mehr als Ja und Nein und Dankeschön gesagt hatte, waren wir in einer Art von Konversation und persönlicher Verbindung; aus den klugen bekümmerten Augen des schönen Menschen sah mich ein altes, vornehmes, unterdrücktes Volkstum mit stillem Vorwurf an, aus seinen Worten und Gebärden sprach eine alte Kultur wohlgepflegter Höflichkeit und zarter buddhistischer Sanftmut. Ich begann alsbald diesen Mann mit einer Mischung von Mitleid und Hochachtung zu lieben. Als weißer Fremdling im Tropenhut war ich der Herr, der Master und Sahib, vor dem er als armer Eingeborener sich neigte; seine aristokratische Erscheinung aber, seine Orts- und Sachkenntnis und sein vortreffliches Englisch gaben ihm eine Überlegenheit, die ich alsbald empfand. Denn Victor Hughes verstand auch von Schmetterlingen unendlich viel mehr als ich; er nannte mit kollegialem Lächeln ganze Reihen von lateinischen Namen, die ich nie gehört hatte, zu denen ich aber gönnerhaft nickte, um meinen kindlichen Dilettantismus zu verbergen. Ich sagte auch ein paarmal zwischenhinein mit verlegen väterlichem Ton (dem Ton, den der Engländer dem Eingeborenen gegenüber eingeführt hat): »*Yes, yes, my dear man, I know all about Kandy-butterflies!*« Er sprach mit mir über indische Schmetterlinge, wie etwa der erfahrene Obergärtner eines Palmengartens mit einem fremden Besucher spricht, den er für einen Botaniker hält. Mein schlechtes Englisch, mit dem ich möglichst sparsam umging, ließ mich nicht zu Erklärungen kommen, so daß ich unversehens mich immer tiefer in die Lüge verstrickte und, fast ohne etwas zu sagen, mit stummem Spiel immer mehr die Rolle des Kenners und wissenschaftlichen Sammlers übernahm.

Als wir soweit miteinander waren, als ich Herrn Victor Hughes schweigend das Recht zuerkannt hatte, mich als eine Art von wenig höherstehendem Kollegen anzusehen und mir Interessen und Absichten zuzutrauen, die ich gar nicht hatte, da zauberte er, völlig überraschend, aus seinen Gewändern plötzlich eine hübsche

Königlicher Segler

kleine Holzkiste hervor, auf seinem edeln Gesicht erschien, meinen sofort emporgeschnellten Argwohn bestätigend, ein schmeichelndes Hausiererlächeln, er öffnete die Truhe mit einer einladenden Gebärde, und ich sah auf weißem Grunde eine wundernette, tadellos präparierte Sammlung von Schmetterlingen und Käfern ausgebreitet, die er mir für die Kleinigkeit von fünfzehn Rupien zum Kauf anbot.

Ich sah sofort den ganzen Umfang der Gefahr; aber ich war wehrlos. Es war mir unmöglich, diesem höflichen und beinahe gelehrten Singhalesen gegenüber plötzlich den Standpunkt zu wechseln, ja, die Enthüllung seiner Absichten, seiner heimlichen Bedürftigkeit steigerte beinahe meine Sympathie oder mindestens mein Mitleid für ihn, und doch hatte ich keinerlei Lust zu kaufen, ich war sogar genötigt, mit dem Rest meiner Reisekasse sehr sparsam umzugehen.

So stimmte ich denn meinen Ton um einen Schatten kühler und erklärte bedauernd, daß ich zwar ein Sammler, nicht aber ein Käufer von Schmetterlingen sei, daß überdies fertig präparierte Exemplare für mich ganz ohne Interesse seien.

Mr. Hughes begriff das vollständig. Gewiß, solche Sammler wie ich kauften ja niemals aufgespannte Falter, er habe sich das gleich gedacht und mir nur eine kleine Probe zeigen wollen. Selbstverständlich würde ich nur frische Exemplare in Papiertüten kaufen, die er mir heute abend zu zeigen gedenke. Er wisse, daß ich im Queens Hotel wohne: ob ich dort um sechs Uhr zu finden sei?

Das wisse ich nicht, antwortete ich kurz, und jetzt sei es mein Wunsch, meinen Spaziergang ungestört fortzusetzen. In bester Form zog er sich zurück, und wieder glaubte ich entronnen zu sein und Ruhe zu haben.

Aber nun war Hughes zu meinem Schicksal geworden. Er stand am Abend in der Halle des Hotels, er begrüßte mich anspruchslos, und wir wechselten ein paar Worte übers Wetter, da zauberte er hinter einer Säule des Vestibüls hervor eine ganze Anzahl von Schachteln, Dosen und Kistchen, und ich sah mich im Augenblick von einer reichen, geschickt ausgebreiteten Schaustellung indischer Falter umgeben. Zuschauer kamen an den Tisch, Victor Hughes zeigte eine Reihe von englischen, amerikanischen, deutschen Anerkennungsschreiben und Bestellbriefen vor, und je mehr Publikum sich einfand, desto weniger mochte ich mich mit meinem üblen Englisch zur Schau stellen. Ich stand plötzlich auf, als falle mir etwas Wichtiges ein, ließ Hut und Mantel liegen und eilte zum Lift, mit dem ich in das dritte Stockwerk entfloh. Mit dieser Flucht hatte ich das Heft vollends aus der Hand gegeben.

Von da an sah ich in Kandy nichts anderes mehr als meinen Herrn Hughes. Er stand an jeder Straßenecke, die ich zu Fuß passierte, er hob den Mantel auf, der mir vom Wagen glitt, er kannte meine Zimmernummer im Hotel und die Zeit meiner Ausgänge und Mahlzeiten. Wartete ich morgens mit dem Ausgehen bis acht Uhr, so stand er an der Treppe, verließ ich andern Tages das Haus schon um halb sieben, so war er auch da. Wenn ich sorglos in einem Kaufladen ausruhte und Ansichtskarten auswählte, erschien er lächelnd am Ladeneingang, eine kleine Kiste unterm Arm, und wenn ich draußen im Walde einen Fehlschlag mit dem Schmetterlingsnetz tat, so bog Hughes um die Ecke, deutete dem entkommenen Falter nach und nannte seinen lateinischen Namen. »Ich habe gute Exemplare davon, auch Weibchen; ich bringe sie um sieben Uhr ins Hotel!«

Nach einigen Tagen hatte er es erreicht, daß ich kein höfliches Wort mehr mit ihm sprach, ihm aber etwas für zehn Rupien abkaufte. Nun hatte ich mir das Recht erworben, ihn zu ignorieren, ihn anzuschnauzen, ihn mit barscher Gebärde von mir zu weisen. Er war aber immer da, war immer schön und höflich, blickte traurig aus braunen Augen, sprach mich freudig an und ließ ergeben die mageren braunen Hände sinken, wenn ich schalt, und immer trug er in der Tasche oder im Lendentuch verborgen ein Kästchen, eine Schachtel, eine Dose bei sich, früh und spät, und immer neue Sachen, bald einen riesigen Atlasfalter, bald ein »lebendes Blatt«, bald einen Goldkäfer oder Skorpion. Er trat aus dem Schatten eines Pfeilers hervor, wenn ich den Speisesaal verließ, er war verwandt mit dem Händler, bei dem ich Zahnpulver kaufte, und befreundet mit dem Wechsler, bei dem ich mein Geld wechselte. Er begegnete mir am See und beim Tempel, im Wald und auf der Gasse, er begrüßte mich frühmorgens nach dem Bade und stand spät abends, wenn ich vom Billardsaal herüberkam, müde und vorwurfsvoll im Vestibül, mit höflich geneigtem Kopf und stillen, wartenden Augen und mit irgendeinem verborgenen Schatz im Gewande. Ich gewöhnte mich daran, ihn von weitem im Gedränge der Straße zu erkennen und zu fliehen, ihn plötzlich nahen zu fühlen und meine Blicke zu versteinern, ich lernte auf Ausflügen jeden Seitenpfad mit Mißtrauen nach seiner Gestalt absuchen und das Hotel heimlich, wie ein Zechpreller, verlassen. Er erschien mir mehrmals im Traum, und ich wäre nicht erstaunt gewesen, ihn abends unter meiner Bettstatt verborgen zu finden ...

Niemals kann ich mehr an Kandy denken, ohne ihn zu sehen, sein Bild ist mir stärker eingeprägt als alle Palmen und Bambusse, Tempel und Elefanten. Und als ich Ceylon längst verlassen hatte und seit vielen Tagen auf dem Wasser war, passierte es mir noch gelegentlich, daß ich morgens beim Gang von der Kabine aufs Deck mit einem Gefühl von Bangigkeit und Beschämung um mich blickte, ob nicht an einer Türe, hinter einem Pfeiler, in einem Korridor Victor Hughes auf mich lauere ... (1912)

Der Schmetterling

Über den silbernen Hügeln
Mit deinen silbernen Flügeln
Und den roten Augen drin,
Wo willst du hin?

»Um volle Lust zu werben,
In ein farbig Leben und Sterben!«
– O wollte Gott mir geben,
So schön und kurz zu leben!

Posthörnchen

[Die Beute der sommerlichen Wanderungen]

Der Maler [Hermann Lautenschlager] kehrte eines Tages, da der Hochsommer sich abgekühlt hatte, mit sonnverbranntem Gesicht und staubigen Kleidern aus seiner Verwilderung heim. Wohlgemut zog er durch die Salzgasse und über den Marktplatz in der Heimat ein, suchte seine ebenfalls verstaubte und verwahrloste Wohnung auf und packte vor allem die große blecherne Botanisierbüchse aus. […]

Da zeigte sich denn in den Schachteln, auf feine Nadeln gespießt, die gesamte Beute des sommerlichen Wanderzuges, ein paar Dutzend neu gefangener Schmetterlinge und Käfer, und einen um den andern hob Lautenschlager an seiner Nadel bedächtig heraus, drehte ihn begutachtend vor seinen Augen und legte ihn zur weiteren Behandlung beiseite. Dabei ging in seinem scharfen Malerblick eine knabenhafte Freude und beglückte Kindlichkeit auf, die niemand dem einsamen und oft boshaften Menschen zugetraut hätte, und über sein mageres, ironisches Gesicht lief wie Morgenlicht ein leiser Glanz von Güte und Dankbarkeit.

Wie es ein jeder rechte Künstler nötig hat, er sei sonst von welcher Art er möge, so hatte auch Lautenschlager durch alles Gestrüpp seines unbefriedigten und flackernden Lebens sich einen Weg bewahrt, auf dem er jederzeit für Augenblicke in das Land seiner Kinderjahre zurückkehren konnte, wo für ihn wie für jeden Menschen Morgenglanz und Quelle aller Kräfte verborgen lag, und das er niemals ohne Andacht betrat. Für ihn war es der zauberhafte Farbenschmelz frischer Schmetterlingsflügel und golden gleißender Käferschilder, der ihm mit Schlüsseln der Erinnerung das Paradiestor öffnete und dessen Anblick seinen Augen für Stunden die Frische und dankbare Empfänglichkeit der Knabenzeiten wiedergab.

Vorsichtig trug er seinen Schatz in das kleine Nebenzimmer, wo in zwei großen Wandschränken seine ganze Insektensammlung aufbewahrt ruhte und dessen Arbeitstisch mit Spannbrettern, Nadelkartons, Steckkissen, Papierstreifen, Pinzetten, Scheren, Benzingläschen, kleinsten Zangen und anderen Werkzeugen eines wohlausgerüsteten Insektensammlers bedeckt war. Er ging sogleich daran, die gespießten Käfer in die Kästen der Sammlung einzureihen, die Schmetterlinge aber mit geduldiger Sorgfalt auf Spannbrettern auszuspannen. Da blickten ihn entfaltet die wunderbaren Flügel an, braune und graue wollige mit matt gepuderten Farben, silbern weiße mit kristallenen Adern und frohfarbige

Großer Eisvogel

mit metallen leuchtendem Email. Für seine Augen waren diese Schmetterlingsflügel das Schönste von allem, was ein Auge sehen kann, wie andre empfängliche Menschen etwa Blumen oder Moose oder die Farben der Meeresoberfläche allem anderen Augengenuß vorziehen, und bei ihrem Anblick gewann er das, was ihm seit Jahren fehlte, für Augenblicke wieder, nämlich das kindlich zufriedene Wohlgefallen an den Gegenständen der Natur, das Gefühl von Zugehörigkeit und Schöpfungsnähe, das man nur im Lieben und genauen Verstehen natürlicher Dinge zu finden vermag.

(Aus »In einer kleinen Stadt«, 1917)

Kupfer Glucke

Aus dem »Demian«

Es gibt bei den Schmetterlingen gewisse Nachtfalter, bei denen | 63
sind die Weibchen viel seltener als die Männchen. Die Falter pflanzen sich gerade so fort wie alle Tiere, der Mann befruchtet das Weibchen, das dann Eier legt. Wenn du nun von diesen Nachtfaltern ein Weibchen hast – es ist von Naturforschern oft probiert worden –, so kommen in der Nacht zu diesem Weibchen die männlichen Falter geflogen, und zwar stundenweit! Stundenweit, denke dir! Auf viele Kilometer spüren alle diese Männchen das einzige Weibchen, das in der Gegend ist! Man versucht das zu erklären, aber es geht schwer. Es muß eine Art Geruchssinn oder so etwas sein, etwa so wie gute Jagdhunde eine unmerkliche Spur finden und verfolgen können. Du begreifst? Das sind solche Sachen, die Natur ist voll davon, und niemand kann sie erklären. Nun sage ich aber: wären bei diesen Schmetterlingen die Weibchen so häufig wie die Männchen, so hätten sie die feine Nase eben nicht! Sie haben sie bloß, weil sie sich darauf dressiert haben. Wenn ein Tier oder Mensch seine ganze Aufmerksamkeit und seinen ganzen Willen auf eine bestimmte Sache richtet, dann erreicht er sie auch. (1917)

Schmetterlinge im Spätsommer

Die Zeit der vielen Falter ist gekommen,
Im späten Phloxduft taumelt sacht ihr Tanz.
Sie kommen schweigend aus dem Blau geschwommen,
Der Admiral, der Fuchs, der Schwalbenschwanz,
Der Kaisermantel und Perlmutterfalter,
Der scheue Taubenschwanz, der Rote Bär,
Der Trauermantel und der Distelfalter.
Kostbar an Farben, pelz- und samtbesetzt,
Juwelenschillernd schweben sie einher,
Prächtig und traurig, schweigsam und benommen,
Aus untergangner Märchenwelt gekommen,
Fremdlinge hier, noch honigtaubenetzt
Aus paradiesischen, arkadischen Auen,
Kurzlebige Gäste aus dem Morgenland,
Das wir im Traum, verlorene Heimat, schauen
Und dessen Geisterbotschaft wir vertrauen
Als eines edleren Daseins holdem Pfand.
Sinnbilder alles Schönen und Vergänglichen,
Des Allzuzarten und des Überschwenglichen,
Schwermütige und goldgeschmückte Gäste
An des betagten Sommerkönigs Feste!

[Ein Falter aus Madagaskar]

Ein Stück aber gab es, ein Geschenk, das war wirklich festlich, wirklich außerordentlich und zauberhaft, das konnte man in stillen Augenblicken hervorholen und mit Entzücken betrachten, in das konnte man sich vergucken und verlieben. Das holte ich hervor und setzte mich damit ans Fenster. Es war, unter Glas und hübsch montiert, ein herrlicher exotischer Schmetterling, er trug den schönen Namen Urania und kam aus Madagaskar hergeflogen. Der schön gebaute Falter mit schlanken kräftigen Seglerflügeln und reichem Zackenwerk am untern Flügel saß leicht schwebend auf einem Zweige, der oben grün und schwarz gestreifte Leib war unten rostrot behaart, goldgrün glänzte das Köpfchen. Grün und schwarz gemustert waren die Oberflügel, und zwar war es auf der Schauseite ein prächtiges, warm und golden strahlendes Grün, auf der Rückseite aber ein ganz kühles, zartes, silbern beflogenes Veronesergrün, in dem die kristallenen Flügelrippen edel schimmerten. Die unteren Flügel aber, die phantastisch gezackten, zeigten außer dem grün und schwarzen Muster ein großes, strahlendes Feld von tiefem Gold, das im Licht bis ins Kupferrote, ja bis ins Scharlachene spielte, launig gezeichnet von tiefschwarzen Flecken, und zuunterst war der Flügel, wie das Kleid einer Dame, am Saum mit einem feinen, kurzen, aus Blond und Schwarz gemischten Pelzchen besetzt. Außerdem aber hatte dieser Unterflügel noch ein besonderes Spiel und Merkmal: es war durch ihn eine kurze träumerische Zickzacklinie gezogen, aus reinem Weiß, die löste den ganzen Flügel gewissermaßen auf, machte ihn zu einem losen Spiel aus Luft und Goldstaub und schien jene phantastischen Zacken wie Strahlen kraftvoll von sich zu stoßen. Etwas Prächtigeres, Geheimnisvolleres und Liebenswürdigeres als diesen Falter aus Madagaskar, als diesen luftigen afrikanischen Traum aus Grün, Schwarz und Gold hätte man auf den Weihnachtstischen der ganzen Stadt nicht finden können. Zu ihm zurückzukehren war eine Freude; sich in seinen Anblick zu versenken ein Fest.

Eine lange Weile saß ich über den Fremdling aus Madagaskar gebückt und ließ mich von ihm bezaubern. An vieles erinnerte er mich, an vieles mahnte er mich, von vielem erzählte er mir. Er war ein Gleichnis der Schönheit, ein Gleichnis des Glückes, ein Gleichnis der Kunst. Seine Form war ein Sieg über den Tod, sein Farbenspiel ein Lächeln der Überlegenheit über die Vergänglichkeit. Er war ein einziges vielstrahliges Lächeln, dieser präparierte

Admiral

tote Falter unterm Glas, ein Lächeln von vielen Arten, bald schien es mir kindhaft, bald uralt und weise, bald kriegerisch schmetternd, bald schmerzlich-spöttisch – so lächelt die Schönheit immer, so lächeln alle Gestaltungen, in denen das Leben scheinbar zu einer Dauer geronnen, die Schönheit des ewig Fließenden Form geworden ist, sei es nun eine Blume oder ein Tier, ein ägyptischer Kopf oder die Totenmaske eines Genies. Es war überlegen und ewig, dieses Lächeln, und war, wenn man sich daran verlor, plötzlich auch spukhaft wild und irr, es war schön und grausam, sanft und gefährlich, voll höchster Vernunft und voll wildester Tollheit. Überall, wo das Leben für einen Augenblick vollkommen gestaltet erscheint, hat es diese gegensätzlichen Aspekte. Es gibt keine edle Musik, die nicht zu manchen Stunden wie Kinderlächeln und zu andern Stunden wie tiefste Todestrauer auf uns wirkte. So ist die Schönheit immer und überall: holde Spiegeloberfläche, unter welcher verborgen das Chaos lauert. So ist das Glück immer und überall: entzückter Augenblick, im Aufstrahlen schon wieder erbleichend, hingeweht vom Hauch des Sterbenmüssens. So ist die hohe Kunst, die hohe Weisheit der Auserwählten immer und überall: wissendes Lächeln über Abgründen, Jasagen zum Leid, Spiel der Harmonie über dem ewigen Todeskampf der Gegensätze.

Süß blickte aus dem Goldglanz der verfließende Purpur, straff spannte sich über die Flügelrippen die feste schwarzgrüne Zeichnung, spielend zielten die schlanken Farbenzacken ihre Lichtpfeile hinaus. Holder Gast du, entzückender Fremdling! Bist du eigens aus Madagaskar hergeflogen, um mir einen Winterabend mit Farbenträumen zu füllen? Bist du eigens aus dem großen Farbkasten der ewigen Mutter entlaufen, um mir das alte Weisheitslied von der Einheit der Gegensätze zu singen, um mich wieder zu lehren, was ich schon so oft gewußt und so oft wieder vergessen habe? Hat dich eigens eine geduldige Menschenhand so sauber präpariert und auf deinem Zweige festgeleimt, um einen kranken Mann eine einsame Stunde lang mit deinen blitzenden Spielereien zu entzücken, mit deinen stillen Träumen zu trösten? Hat man dich getötet und unter ein Glas gepreßt, damit dein verewigtes Leiden und Sterben uns tröstlich sei, so wie uns das verewigte Leiden und Sterben der großen Dulder, der echten Künstler merkwürdigerweise lieb und tröstlich ist, statt uns mit seiner Verzweiflung die Seele auszuhöhlen?

Über die schimmernden Goldflügel spielt blasser das abendliche Licht, langsam erlischt das rötliche Gold, und bald ist der ganze Zauber, von der Finsternis geschluckt, nicht mehr zu sehen. Aber er spielt dennoch das Spiel der Ewigkeit fort, das tapfere Künstlerspiel um die Dauer des Schönen – in meiner Seele spielt das Lied fort, in meinen Gedanken zucken die Farbenstrahlen lebendig weiter. Nicht vergeblich ist der arme schöne Falter in Madagaskar gestorben, nicht vergeblich hat eine ängstliche Hand seine Flügel und Fühlhörner und Sammetpelzchen so sauber präpariert und unvergänglich gemacht. Lange noch wird der kleine einbalsamierte Pharao mir aus seinem Sonnenreich erzählen, und wenn er längst zerfallen ist und auch ich längst zerfallen bin, dann wird irgendwo in einer Seele noch etwas von seinem seligen Spiele und weisen Lächeln blühen und wird sich weiter vererben, so wie das Gold des Tutenchamun noch heute glänzt und das Blut des Heilands noch heute fließt.

(Aus »Nach der Weihnacht«, 1928)

Garbenspinner

[Ein Nachtfalter]

70 | Da ich ins Zimmer zurückkehre und Licht anzünde, flügelt ein großer Schatten durchs Zimmer, und leise rauschend schwebt ein großer Nachtfalter gegen den grünen Glaskelch über dem Licht. Er setzt sich, hell bestrahlt, auf dem grünen Glase nieder, schlägt die langen schmalen Flügel zusammen, zittert mit dünn befiederten Fühlern, und seine schwarzen kleinen Augen glänzen wie feuchte Pechtropfen. Über seine geschlossenen Flügel läuft eine vielfach geäderte zarte Zeichnung wie Marmor, da spielen alle matten, gebrochenen, gedämpften Farben, alle Braun und Grau, alle Farbtöne welkender Blätter durcheinander und klingen sammetweich. Wenn ich ein Japaner wäre, so hätte ich von den Vorfahren her eine ganze Anzahl von genauen Bezeichnungen für diese Farben und ihre Mischungen geerbt und vermöchte sie zu benennen. Aber auch damit wäre nicht viel getan, so wie mit dem Zeichnen und Malen, dem Nachdenken und Schreiben nicht viel getan ist. In den braunroten, violetten und grauen Farbflächen der Falterflügel ist das ganze Geheimnis der Schöpfung ausgesprochen, all ihr Zauber, all ihr Fluch, mit tausend Gesichtern blickt das Geheimnis uns an, blickt auf und erlischt wieder, und nichts davon können wir festhalten.

(Aus »Zwischen Sommer und Herbst«, 1930)

Im Sand geschrieben

Daß das Schöne und Berückende
Nur ein Hauch und Schauer sei,
Daß das Köstliche, Entzückende,
Holde ohne Dauer sei:
Wolke, Blume, Seifenblase,
Feuerwerk und Kinderlachen,
Frauenblick im Spiegelglase
Und viel andre wunderbare Sachen,
Daß sie, kaum entdeckt, vergehen,
Nur von Augenblickes Dauer,
Nur ein Duft und Windeswehen,
Ach, wir wissen es mit Trauer.
Und das Dauerhafte, Starre
Ist uns nicht so innig teuer
Edelstein mit kühlem Feuer,
Glänzendschwere Goldesbarre;
Selbst die Sterne, nicht zu zählen,
Bleiben fern und fremd, sie gleichen
Uns Vergänglichen nicht, erreichen
Nicht das Innerste der Seelen.
Nein, es scheint das innigst Schöne,
Liebenswerte dem Verderben
Zugeneigt, stets nah am Sterben,

Und das Köstlichste: die Töne
Der Musik, die im Entstehen
Schon enteilen, schon vergehen,
Sind nur Wehen, Strömen, Jagen
Und umweht von leiser Trauer,
Denn auch nicht auf Herzschlags Dauer
Lassen sie sich halten, bannen;
Ton um Ton, kaum angeschlagen,
Schwindet schon und rinnt von dannen.
So ist unser Herz dem Flüchtigen,
Ist dem Fließenden, dem Leben
Treu und brüderlich ergeben,
Nicht dem Festen, Dauertüchtigen.
Bald ermüdet uns das Bleibende,
Fels und Sternwelt und Juwelen,
Uns in ewigem Wandel treibende
Wind- und Seifenblasenseelen,
Zeitvermählte, Dauerlose,
Denen Tau am Blatt der Rose,
Denen eines Vogels Werben,
Eines Wolkenspieles Sterben,
Schneegeflimmer, Regenbogen,
Falter, schon hinweggeflogen,
Denen eines Lachens Läuten,
Das uns im Vorübergehen

Kaum gestreift, ein Fest bedeuten
Oder weh tun kann. Wir lieben,
Was uns gleich ist, und verstehen,
Was der Wind in Sand geschrieben.

Dukatenfalter

[Der Trauermantel]

74 | Es wächst an einem der Granitpfeiler meiner Terrasse ein hoher Rosenstamm empor, seine diesjährige Blüte ist längst vorbei, zu seinen Füßen steht eine kleine üppige Wildnis von Montbretien und etwas zu alt gewordenen Türkenbundlilien, die wohl etwa in einer Woche die ersten Blüten haben werden. Aus diesem grünen Laubwinkel sah ich, vom starken Licht geblendet, etwas Dunkles emporschweben, lautlos und schattenhaft. Es war kein Vogel, es war ein Schmetterling, und zwar der hier sehr selten gewordene Trauermantel, den ich seit wohl drei, vier Jahren nie mehr zu Gesicht bekommen hatte. Es war ein großes, schönes, noch nicht lange ausgeschlüpftes Tier. Dunkel flatterte es mir um die Augen, schwebte von mir weg und wieder zu mir zurück, beroch mich, umflog mich und ließ sich auf meiner linken Hand nieder. Da blieb der Falter sitzen, legte die Flügel zusammen, deren untere Seiten so trübe Ruß- und Aschenfarben haben, breitete sie wieder

Trauermantel

aus und zeigte das tiefe samtene Braunviolett mit den neapelgelben Randstreifen und der köstlichen Reihe blauer Punkte, die so edel und diskret zwischen dem lichten Rande und der mit Caput mortuum wiederzugebenden Dunkelheit steht. Langsam, im Rhythmus ruhiger Atemzüge, schloß und öffnete der Schöne seine Sammetflügel, hielt sich mit sechs haardünnen Beinchen an meinem Handrücken fest und entschwebte nach einer kurzen Weile, ohne daß ich das Loslassen spürte, in die große heiße Helligkeit hinaus.

(Aus »Tagebuchblätter«, 1955)

Märzsonne

Trunken von früher Glut
Taumelt ein gelber Falter.
Sitzend am Fenster ruht
Schläfrig gebückt ein Alter.

Singend durchs Frühlingslaub
Ist er einst ausgezogen.
So vieler Straßen Staub
Hat sein Haar überflogen.

Zwar der blühende Baum
Und die Falter die gelben
Scheinen gealtert kaum,
Scheinen heut noch dieselben.

Doch es sind Farbe und Duft
Dünner geworden und leerer,
Kühler das Licht und die Luft
Strenger zu atmen und schwerer.

Frühling summt bienenleis
Seine Gesänge, die holden.
Himmel schwingt blau und weiß,
Falter entflattert golden.

Spätsommer

Noch schenkt der späte Sommer Tag um Tag
Voll süßer Wärme. Über Blumendolden
Schwebt da und dort mit müdem Flügelschlag
Ein Schmetterling und funkelt sammetgolden.

Die Abende und Morgen atmen feucht
Von dünnen Nebeln, deren Naß noch lau.
Vom Maulbeerbaum mit plötzlichem Geleucht
Weht gelb und groß ein Blatt ins sanfte Blau.

Eidechse rastet auf besonntem Stein,
Im Blätterschatten Trauben sich verstecken.
Bezaubert scheint die Welt, gebannt zu sein
In Schlaf, in Traum, und warnt dich, sie zu wecken.

So wiegt sich manchmal viele Takte lang
Musik, zu goldener Ewigkeit erstarrt,
Bis sie erwachend sich dem Bann entrang
Zurück zu Werdemut und Gegenwart.

Wir Alten stehen erntend am Spalier
Und wärmen uns die sommerbraunen Hände.
Noch lacht der Tag, noch ist er nicht zu Ende,
Noch hält und schmeichelt uns das Heut und Hier.

Postillion

Nachwort

Schon seit Menschengedenken haben die Schmetterlinge eine Faszination ausgeübt, nicht nur auf die Phantasie der Völker, sondern auch auf die Künstler, Philosophen und Wissenschaftler. Davon zeugen bereits 1500 Jahre vor unserer Zeitrechnung entstandene Schmetterlingsmotive in Wandmalereien von Pharaonengräbern oder Schmetterlinge als Goldschmuck in den Grabstätten mykenischer Fürsten (1300 v. Chr.). Der Überlieferung nach soll selbst Buddha (560-480 v. Chr.) die letzte seiner Predigten an die Schmetterlinge seiner Heimat gerichtet haben: »Ich danke euch, meine Meister: von euch habe ich mehr gelernt als aus den Schriften der Brahmanen.« Den Griechen waren die Schmetterlinge Erscheinungsformen der Seele und zugleich Symbole für deren Unsterblichkeit. Psychiden nennt die Wissenschaft noch heute eine bestimmte Gattung der Nachtfalter, die man im vorchristlichen Griechenland als Seelen der Verstorbenen verehrte. Aristoteles (384-322 v. Chr.) beschrieb als erster die Metamorphose der Schmetterlinge, ihre Entwicklung und Verwandlung vom Ei zur Raupe und von der Puppe zum geflügelten Insekt. Doch dann verliert sich in der Kulturgeschichte der Bezug zum Sterben und der Wiedergeburt, und die Falter erscheinen von nun an als Symbole für Anmut und Liebe, weshalb sie mit Eros und Aphrodite, mit Amor und Psyche in Zusammenhang gebracht werden.

Inzwischen hat unser Wissen über die Schmetterlinge und ihre Stammesentwicklung von den ersten schwerfälligen Fossilien aus dem Erdzeitalter des Perm vor mehr als 270 Millionen Jahren bis hin zu ihrer Differenzierung in mehr als 120.000 verschiedene Arten ständig zugenommen. Diese Vielfalt der Arten und damit ihre Verbreitung über den gesamten Erdball von Grönland bis in den äußersten Süden Amerikas verdanken sie ihrer ungewöhnlichen Anpassungsfähigkeit an alle Klimazonen. (Es gibt Schmetterlinge in der arktischen Tundra ebenso wie in trockenen Wüsten und tropischen Urwäldern. Die Eier einiger Arten vertragen Temperaturen von minus 80 bis plus 60 Grad.)

Immer vollständiger wurden im Laufe der Jahrhunderte die Schmetterlingstafeln der Biologen, immer neue und differenziertere Ordnungssysteme nach Gattungen, Familien und Unterordnungen lösten die vorherigen ab, und immer genauer wurden auch die Abbildungen: vom kargen Schmetterlingsumriß im Holzschnitt zur liebevollen Präzision des Kupferstichs, vom Realismus der Photographie bis zum Auflösungsvermögen des Elektronenmikroskops.

Unsere Freude an der Leuchtkraft und Vielfalt der Schmetterlingsfarben und ihrer Ornamentierung ist nicht mehr ahnungslos. Dem Traum vom zwecklos Schönen steht heute das Wissen um Ursachen und Funktionen gegenüber. Wir haben sie unter das Mikroskop genommen und dabei ihre Farben und Muster als ein Mosaik aus hunderttausend winzigen Hornschüppchen erkannt, welche die transparenten Membranen der Falterflügel schindelartig bedecken. Wir wissen, daß nur die gelben, roten, braunen und schwarzen Töne auf eigene Farbpigmente zurückzuführen sind, während fast alle übrigen Farbeffekte ausgelöst werden durch die unterschiedliche Oberfläche dieser Hornschüppchen, an deren Feinstruktur sich das Licht zu Interferenzfarben bricht. Viele davon liegen im Ultraviolettbereich und sind dem menschlichen Auge nicht mehr unterscheidbar, während die Facettenaugen der Schmetterlinge und anderer Insekten ein ungleich intensiveres und reichhaltigeres Spektrum wahrnehmen. Auch die erstaunliche Haltbarkeit der Schmetterlingsfarben, die manchmal Jahrzehnte über den Tod des Falters hinaus kaum etwas von ihrer Leuchtkraft einbüßen, ist uns heute kein Rätsel mehr. Denn noch ehe der Schmetterling zu leben beginnt, sind seine Farben bereits im Chitin seiner Schuppen gespeichert und deshalb unabhängig vom organischen Verfall. Untersuchungen haben ergeben, daß die Hautzellen der Flügelanlage schon im Entwicklungsstadium der Puppe ihre Pigmente im leblosen Teil dieser Schuppen konzentrieren. Welches Farbmuster auf ihren Flügeln erscheint, hängt oft auch von den Temperaturverhältnissen ab. So bilden sich die Augenflecken nicht selten erst bei Wärme und zu Beginn der Regenzeit, während kühlere Witterung Tarnfarben zum Vorschein bringt.

Ebensoviel wie über den verschwenderischen Reichtum an Farben und Mustern wissen wir inzwischen über die Funktion dieser

Ausstattung als Lock- und Erkennungsmittel für die Geschlechter, aber auch als Warnsignale oder Verkleidungen zur Abwehr von Gefahren im Dienst der Arterhaltung. Sie lenken die Aufmerksamkeit der Freßfeinde auf die Flügel, um auf diese Weise ihren verletzlichen Körper zu schützen. Denn die Falter sind das letzte, einzig auf Vermehrung orientierte Stadium einer Entwicklung, das erstaunlich kurz ist, gemessen am langwierigen Prozeß dieser Metamorphose.

Von der Sonne »gebrütet«, entwickelt sich aus dem unbeweglichen und unscheinbaren Ei die gefräßig-schwerfällige Raupe, deren Anmut sich in Grenzen hält, braucht sie sich doch nicht zu vermehren, sondern nur zu ernähren und sich ihre Feinde vom Leib zu halten. Dann fällt die Raupe wieder zurück in äußere Unbeweglichkeit und gepanzerte Unauffälligkeit des Puppenstadiums, aus dem sich schließlich das fertige Tier, der Schmetterling, entfaltet: schwerelos, agil und so anmutig wie in keinem früheren Stadium der glücklich überstandenen Jugend. Haben sie in ihrer Kindheit als Raupen noch vegetativ und infantil zentnerweise ihre sehr speziellen Futterpflanzen vertilgt und ihr Körpervolumen mit mehreren Häutungen den Folgen dieser Nahrungsaufnahme angepaßt, so kommen manche von ihnen als fertige Schmetterlinge ganz ohne Nahrung aus: beflügelte Energie, einzig dem Liebesspiel, ihrer Vermehrung und der Übertragung von Blütenstaub hingegeben. Die meisten freilich sind auch als Falter noch auf zusätzliche Nahrung angewiesen. Mit ihren uhrfederähnlich aufgerollten Saugrüsseln, die mitunter das Doppelte ihrer Körperlänge erreichen, holen sie sich aus Blüten-, Baum- und Fruchtsäften, manche auch aus tierischen Substanzen, was sie zum Leben brauchen. Doch das ist freilich nur noch ein Bruchteil dessen, was sie vorher zu ihrer Entwicklung nötig hatten.

Scheinbar nichts anderem als der Arterhaltung hingegeben, sorgen sie zugleich für die Vermehrung ihrer Wirtspflanzen und erfüllen damit ganz nebenbei die biologische Funktion fast aller geflügelten Insekten im ökologischen Kreislauf der Natur. Angelockt vom Duft und den Farben der Blüten, übertragen sie die männlichen Sporen der Staubgefäße auf die weiblichen Blütennarben und ermöglichen damit das Entstehen einer neuen Pflanzengeneration, um das Überleben ihrer eigenen Nachkommen zu sichern. So differenziert, wie sie die Farben, Muster und Gerüche ihrer Umwelt wahrnehmen können, sind sie selbst damit ausgestattet. Die Sensibilität des Schmetterlings entspricht also genau seiner eigenen Ausstrahlung. Das gilt auch für seine Fähigkeit, hochfrequente Nachrichtensignale im Ultraschallbereich zu empfangen und zu senden.

Anders als die meisten übrigen Insekten erscheinen die Schmetterlinge äußerlich den Blumen verwandt. Nicht nur die zarte Konsistenz ihrer Flügel erinnert an die Beschaffenheit der Blütenblätter, sondern auch ihre Größe und Farbigkeit steht in enger Wechselbeziehung zur Flora ihrer Umgebung, weshalb sie z. B. in tropischen Ländern größer und farbenprächtiger sind als in gemäßig-

ten Zonen. (Die Spannweite ihrer Flügel reicht von wenigen Millimetern bei der Zwergmotte bis zu Durchmessern von 30 cm
 bei tropischen Faltern.)

An die Entwicklung von Blütenblättern aus ihrer Knospe erinnert auch die Entfaltung der Schmetterlingsflügel, sobald die Puppenhülle gesprengt ist und sich die hauchdünn um ihren walzenförmigen Körper gelegten Flügelanlagen zu strecken beginnen, um bis auf das Fünffache ihrer Größe zuzunehmen. Ähnlich wie die Blumen werden auch sie als Boten des Frühlings mit der Überwindung der dunklen und kalten Jahreszeit und der Regeneration der Natur in Beziehung gebracht. Und noch eine weitere Gemeinsamkeit verbindet Blumen und Schmetterlinge: Ebenso wie sich die Blütenblätter mit der aufgehenden Sonne öffnen und mit hereinbrechender Dämmerung schließen, verlieren auch die Tagfalter ihre nächtliche Klammheit erst in der Frühe, um ihre Flügel dem Licht und der belebenden Wärme entgegenzustrecken. Nur die der Sonne zugewandte Seite der Blüten wie der Schmetterlingsflügel ist mit Locksignalen ausgestattet, während sich die geschlossenen Unterseiten so unscheinbar präsentieren, daß man sie einer ganz anderen Art zurechnen könnte. Denn deren Funktion ist es nicht zu locken, sondern zu schützen und zu tarnen. In diesem vergleichsweise reizlosen Zustand schlafen und überwintern die Falter.

Die Pracht und Mannigfaltigkeit ihrer Farben und Muster, fragil und vergänglich wie die der Blumen, doch keineswegs seßhaft wie diese, sondern in schwerelosem Auf und Ab zwischen Erde und Himmel, erregten von jeher die Phantasie und den Gestaltungstrieb der Künstler. »Geflügelte Blumen« haben die Dichter die Schmetterlinge genannt und ihnen die besondere Aufmerksamkeit und Sympathie einer Wahlverwandtschaft gewidmet. Inmitten einer Welt voll leistungsorientierter Nützlichkeit und Seßhaftigkeit waren sie zu allen Zeiten bewunderte, beneidete, aber auch beargwöhnte Außenseiter, deren Ungebundenheit als Flatterhaftigkeit, deren Sinn für das Schöne als elitäre Verantwortungslosigkeit verdächtigt wurden. Auch diese Gemeinsamkeit zwischen der Existenzform der Künstler und der Schmetterlinge kehrt in zahlreichen Dichtungen von Dschuang Dse bis Catull, von Mörike bis Andersen immer wieder. Bezeichnenderweise beendet Andersen die unzumutbare Provokation, die der Schmetterling seines Märchens als ewiger und unsteter Freier für die gebunden-seßhafte Damenwelt darstellt, im bürgerlichen Wohnzimmer, wo er, auf eine Nadel gespießt und neben den Topfpflanzen ausgestellt, sich sagen muß: »Jetzt sitze ich auf einem Stengel wie die Blumen, angenehm ist das nicht, aber so ungefähr mag es wohl sein, wenn man verheiratet ist, man sitzt fest.«

Am Beispiel der Schmetterlinge hat der Dichter Hellmut von Cube in seinem »Tierskizzenbüchlein« über den Nutzen des scheinbar Asozialen geschrieben: »Die Bienen summen geschäftig, die Ameisen rennen und schleppen ..., die Käfer krabbeln wichtig, die Würmer graben und höhlen wie zu großen Zwecken, der Schmetterling aber hat nichts vor. Er schaukelt und tanzt irgendwoher und irgendwohin und saugt den Honig in wippender Rast und läßt sich wieder hochtragen vom sanften Wind und senkt sich aufs neue mit weichem, wie spielendem Flügelschlag, wie die Luft, wie der Augenblick, wie Gott es will ... Der Igel frißt Mäuse und Kreuzottern: ein respektabler Bursche; die Kuh ist brauchbar vom Horn bis zum Huf, von der Milch bis zum Mist: welch achtbares Tier! Der Schmetterling jedoch fliegt von Blüte zu Blüte und bringt keinen Honig ein, das Lotterwesen.

Die Erde ist gewaltig und schwer und massiv mit ihren Gebirgen, mit Elefanten, Eisen und Blei ... Es wäre nicht auszuhalten ohne Schmetterlinge, ohne Löwenzahnschirmchen ... Ein einziger Schmetterling hebt das Gewicht der Erde auf, alle Schwere, aller Stoff wird zu nichts bei seinem Anblick.«

Unter den deutschen Autoren des 20. Jahrhunderts gibt es wohl kaum einen, der zu Schmetterlingen eine so unmittelbare Beziehung hatte wie Hermann Hesse. Als Sinnbilder der Kurzlebigkeit und Vergänglichkeit des Schönen, aber auch für die Metamorphosen einer stufenweisen Entwicklung begegnen wir ihnen in allen seinen Schriften, in den Erzählungen und Romanen, den Betrachtungen und Gedichten, auch dort, wo sie nicht (wie in einigen Stücken unseres Bandes) schon aus dem Titel erkenntlich sind. »Ich habe zu Schmetterlingen und anderen vergänglichen Schönheiten«, schreibt Hesse in einem Brief vom Januar 1926, »immer ein Verhältnis gehabt, während dauernde, feste und sogenannte solide Bindungen mir nie geglückt sind.« (Das sagt er im Hinblick auf seine ersten beiden Ehen, für seine Freundschaften aber gilt das Gegenteil.)

Eine der frühesten Erinnerungen, die sein Gedächtnis gespeichert hat, reicht zurück in sein fünftes Lebensjahr. Damals wohnte er mit seinen Eltern in Basel, am Müllerweg 26, »dem Spalenringweg gegenüber … eine ziemlich bescheidene Vorstadtgegend, für uns Kinder jedoch war sie ein Paradies und Urwald, in dem die Entdeckungen und Abenteuer kein Ende nahmen. Das Land begann schon ganz in der Nähe unseres Hauses … und die für mich Kleinen unendlich große Schützenmatte, damals unbebaut vom Schützenhaus bis zum ›Neubad‹, war mein Schmetterlingsjagdgebiet.«

In seinem ersten autobiographischen Buch »Hermann Lauscher«, hat Hesse neunzehnjährig im Kapitel »Meine Kindheit« die »atemlose herzklopfende Wonne« beschrieben, mit der er als Fünfjähriger diese Luftwesen bestaunte, »mit der sonderbaren Überzeugung, daß keine andere Zeit und keine andere Wiese solche wunderbaren Schmetterlinge und Zittergräser hervorbringen kann … Da waren helle Morgen, an denen ich, ins Gras gestreckt, den Kopf auf den Händen, über das von Sonne flimmernde, gekräuselte Meer der Gräser hinwegschaute« und zum erstenmal der »Welt der Trennungen« entlaufen konnte und in die »Welt der Einheit«

eintrat, »wo ein Ding und Geschöpf zum andern sagt: Tat twam asi (Das bist du)«. Mit der Frische des ersten Erlebens prägten sich ihm Wiese und Schmetterlinge ein, Urbilder für ein ganzes Leben, unauslöschliche Engramme, als Inbegriff »unvergänglicher Dinge«, deren »flüchtiges Gleichnis sie sind«.

Federzeichnung zu Hesses »Hermann Lauscher« von Gunter Böhmer

Auf die arglose und uneigennützige Bezauberung des Fünfjährigen folgt im Alter von neun oder zehn Jahren der kindliche Trieb des Jagens und Festhaltens, das »namenlose gierige Entzücken, das nur Kinder empfinden können«, während er für die gesammelte tote Beute wenig Sorgfalt hatte und es nie zu einer sauberen Sammlung brachte. Im Alter von neun bis zwölf Jahren – wenn wir die Erzählung vom »Nachtpfauenauge« als einen authentischen Erlebnisbericht lesen wollen – erreichte der Sport des Jagens und Besitzens einen ersten Höhepunkt. Er wurde zu einer solchen Leidenschaft, daß seine Eltern meinten, sie verbieten zu müssen, da ihr Sohn alles andere darüber vergaß und versäumte. »War ich auf Falterfang, dann hörte ich keine Turmuhr schlagen, sei es zur Schule oder zum Mittagessen, und in den Ferien war ich oft mit einem Stück Brot in der Botanisierbüchse vom frühen Morgen bis zur Nacht draußen, ohne zu einer Mahlzeit heimzukommen.« Doch ebenso leidenschaftlich wie diese Jagdlust war dann auch ihr Ende.

»Von allen Schmetterlingen, deren Namen ich kannte und die in meiner Schachtel noch fehlten, ersehnte ich keinen so glühend wie das Nachtpfauenauge«, schreibt Hesse rückblickend. Ausgerechnet einem wenig sympathischen Schüler aus der Nachbarschaft glückt es, diesen Falter zu fangen. Die brennende Neugier, das seltene Tier zu Gesicht zu bekommen, überspringt alle Hemmungen und bringt den Knaben der Erzählung dazu, den ersten Diebstahl seines Lebens zu begehen. Fassungslos und vor sich selbst erschrocken, wird er sich der Tat bewußt, noch ehe sie zu Ende geführt ist. In seiner Angst, ertappt zu werden, passiert es

ihm, daß er das Nachtpfauenauge beschädigt. Mehr als das Gefühl des Diebstahls jedoch peinigt ihn der Anblick des zerstörten Falters, so daß er »jeden Besitz und jede Freude gern hingegeben hätte, um ihn wieder ganz zu wissen«. Daß er sich schließlich überwindet, dem Besitzer des Schmetterlings, einem »pedantischen Mitschüler«, den das »Laster der Tadellosigkeit« auszeichnete und den er »mit Neid und halber Bewunderung haßte«, seine Tat zu gestehen, und ihm als Entschädigung sein liebstes Spielzeug, ja seine ganze Schmetterlingssammlung anbietet, hilft ihm wenig. Und so vernichtet er Stück für Stück seine geliebten Falter, wütend über die arrogante Verachtung des Schulkameraden und verzweifelt über sich selbst, daß er vor lauter Verzückung die Kontrolle über sich verlieren konnte.

Ein erst vor wenigen Jahren aufgetauchter Brief eines Augenzeugen dieser Begebenheit wirft ein aufschlußreiches Licht auf das Verhältnis von Dichtung und Wahrheit in solchen Erzählungen Hesses, die autobiographische Konstellationen überliefern. In einem Schreiben vom 31. 5. 1952 (an Alfred Leuschner, Basel, Missionsstraße 21) erinnert sich der damals achtzigjährige Pfarrer Benedikt Hartmann an den vier Jahre jüngeren Hermann Hesse, mit dem zusammen er 1884-1886 die Basler Missionsschule besucht hatte. Dort habe sich der kleine, gut gewachsene Hermann, der ein »schwäbelndes Hochdeutsch« sprach, nicht sonderlich ausgezeichnet: »Für mich und andere hervorgetreten ist er nur durch ein unter uns Buben Aufsehen erregendes Ereignis, das seinen Kredit bei uns in peinlicher Weise schädigte.«

Einer ihrer Lehrer, ein großer Stenograph, Topfblumenpfleger, Briefmarken- und geschickter Schmetterlingssammler habe einen »wundervollen Nachtfalter von ganz ungewöhnlicher Größe und Farbenpracht« besessen. Plötzlich sei das sorgfältig aufgespannte und präparierte Tier verschwunden, »aus dem unverschlossenen Zimmer der Lehrer, das zwischen zwei Schulräumen lag. Als Täter erwies sich schließlich Hermann Hesse, dem seine Begeisterung für ein Kunstwerk der Natur mit den Eigentumsbegriffen durchgebrannt war. Ich glaube nicht, daß er eine exemplarische Strafe erhielt, aber das war in einer Internatsbubenschar auch nicht mehr nötig, und er holte es dann selbst als Schriftsteller nach, wie der Heilige Augustin in seinen Confessionen.«

In der fiktionalen Darstellung dieser Begebenheit, die von einem Gast des Ich-Erzählers vorgetragen wird, lenkt der Autor die Sympathie des Lesers nicht auf den Bestohlenen, sondern den schuldig Gewordenen. Gut möglich, daß jener Lehrer ihn mit den gleichen demütigenden Phrasen erniedrigt hat wie der erfundene Musterschüler, dem er sie in den Mund legt.

Mit diesem Erlebnis war dem Schulbuben Hesse die Lust am Sammeln und Besitzen dieser Tiere für viele Jahre verdorben. Noch im Alter von 28 Jahren, als er auf einer Wanderung durch Graubünden ahnungslos in Preda absteigt, ist er gegen das Sammelfieber so gut gefeit, daß er die Komik der Begebenheiten um den »Alpenbär«-Schmetterling* objektiv und mit der Ironie einer überwundenen Leidenschaft zu beobachten vermag.

Denn dort in Preda gerät er zufällig in eine Gesellschaft höchst merkwürdiger Feriengäste, die sich Entomologen nennen – so heißen Schmetterlings- und Insektensammler auf akademisch, wie er bald in Erfahrung bringt. Die Reaktion dieser Gesellschaft auf seine verwunderte Bemerkung »Ich dachte, das sei ein Sport für kleine Buben« macht ihn alsbald mit der Psychologie von volljährigen Sammlern vertraut: »Was suchen Sie eigentlich in Preda, wenn Sie nicht Entomolog sind?« ist die Antwort. Daß vielleicht die reizvolle Lage des Ortes auf einer Alpmatte in 1800 Metern Höhe, die Wälder oder die prächtige Hochgebirgslandschaft ein Anreiz hätten sein können, kommt solchen Leuten nicht in den Sinn. Sie sind Sammler, Menschen von um so blinderer Zielstrebigkeit, je eingeengter ihre Wahrnehmungsbereitschaft, je spezieller ihre Interessen geworden sind. Gegen die damit verbundenen Schrullen ist Hesse nach seiner Erfahrung mit dem Nachtpfauenauge ein für allemal gewappnet und hat nun einen Blick für das Verhalten von Sammlern:

»Es gibt ohne Zweifel unter ihnen Leute, mit denen im täglichen Leben angenehm zu verkehren wäre, aber hier auf dem

* der so selten ist, daß wir keine Abbildung ausfindig machen konnten.

Tummelplatz ihrer Leidenschaft werden sie fanatisch und unmöglich! ... jeder kontrolliert den anderen. Wer ein seltenes Tier erbeutet hat, gibt dem Kollegen einen falschen Fundort an, weiß aber nicht, daß mindestens einer von ihnen ihm heimlich auf den Fersen war und sich den Ort gemerkt hat ... Und wenn einmal ein gefürchteter Konkurrent ... stürzt und die Knochen bricht, vernehmen es die anderen mit nur schlecht geheucheltem Bedauern.«

Wenige Jahre nach dieser gemeinsam mit Emanuel von Bodman und Ludwig Finckh erlebten Episode kamen Hesses Kinder in das Alter, in dem auch sie Schmetterlinge sammelten, und fanden in ihrem Vater einen erfahrenen Berater und Jagdgefährten, den nun plötzlich wieder die verloren geglaubte Leidenschaft packte. Hesses Söhne berichten von gemeinsamen Schmetterlingsexpeditionen auf den Wiesen am Bodensee und an Waldrändern bei Bern. In der Betrachtung »Hermann Hesse und die Schmetterlinge« schildert der Schriftstellerkollege Wilhelm Schussen 1953 eine seiner Begegnungen mit Hesse in Gaienhofen: »Ich erinnere mich noch, daß wir dort von Pflanzen und Schmetterlingen redeten, daß ich meine Begleitung mit dem Wiesenknopf (Sanguisorba officinalis) bekanntmachte, und daß sich Hesse in Schmetterlingsfragen als gewiegter Kenner offenbarte ... Da lief dieser unbeschreibliche Hesse plötzlich auf eine Hecke zu, schwang seine Arme wie Flügel in der Luft und jagte so einen ganzen Schwarm fuchsroter Falter auf. Sein hagerer Kopf mit dem spitzen Kinn und der überspitzen, scharfen Nase hatte jetzt etwas durchaus Vogelhaftes, seine Gestalt samt Kniehosen und Waden und Sandalen hatten etwas unaussprechlich Entrücktes, Fernes, Unirdisches an sich. Und es schien, als habe die Hecke Feuer gefangen, als nun eine ganze Wolke dieser roten Schmetterlinge über seinem Haupte durcheinanderwirbelte. ›Das ist der Fuchs‹, sagte Hesse dann nach einer Weile, wie aus fremden Räumen zurückkehrend … Vor jenem feurigen Dornbusch steht er in meiner Einbildung für alle Ewigkeit, er mag weilen, wo er will.« (Vgl. »Hermann Hesse in Augenzeugenberichten«, Frankfurt am Main 1987 bzw. 1991.)

Seit jener Zeit beginnt für den Dreißigjährigen eine neue Phase seiner alten Liebhaberei. Eine erste respektable Sammlung entsteht und erfährt nach einer dreimonatigen Indonesienreise (September-Dezember 1911) ihren wohl bedeutendsten Zuwachs. Das stichwortartig geführte Reisetagebuch verzeichnet mindestens 55 Stunden, die Hesse auf der Malaiischen Halbinsel, in Sumatra und Ceylon nach exotischen Faltern jagte, und von einem Museumsbesuch in Singapur werden einzig die dort ausgestellten Schmetterlinge erwähnt. Bis auf den Namen genau bestätigt das Notizbuch die Episode mit dem unterwürfigen Schmetterlingshändler Victor Hughes auf Ceylon, aber auch das Gelächter der Malaien beim Anblick des merkwürdigen Europäers mit seinem Fangnetz. Eine weitere Parallele zur Erzählung »Indische Schmetterlinge« zeigt ein Brief an den befreundeten Maler und Schmetterlings-Tauschpartner Max Bucherer. Ihm gegenüber, wie auch kurz zuvor beim aufdringlichen Falterverkäufer von Kandy, legt Hesse besonderen Wert auf frische, noch nicht konservierte Tiere. Zwei Monate nach seiner Rückkehr aus Indien schrieb er an Bucherer: »Wenn du mir von Deinen Schmetterlingen und Käfern abgeben willst, freut mich das sehr. Gerade solche, die noch unpräpariert sind, kann ich sehr gut brauchen und präpariere sie gern selber. Dafür mußt Du Dir dann einmal, wenn Du meine Sammlung siehst, eine Anzahl Doubletten von indischen Faltern auswählen, die ich draußen gefangen habe. Sehr viele sind es nicht, aber doch manche schöne dabei. Im Ganzen habe ich etwa gegen 300 Falter mitgebracht, von denen viele doppelt und dreifach da sind.«

Was Hesse im dritten und vierten Jahrzehnt seines Lebens an der Beschäftigung mit Schmetterlingen fasziniert, (wie übrigens auch seinen russisch-amerikanischen Schriftstellerkollegen Vladimir Nabokov, 1899-1977) ist die nun von keinem Zweckdenken mehr bestimmte Freude an ihrer Vielfalt.

Doch mit dem Ausbruch des Ersten Weltkriegs (wie auch dem Älterwerden seiner Söhne) endet schließlich auch diese neue Phase seiner Schmetterlingsliebe, um fortan bis zu seinem Lebensende einer mehr kontemplativen Platz zu machen. Seine Schilderungen des Schmetterlings aus Madagaskar, des marmorierten Nachtfalters in der Betrachtung »Zwischen Sommer und Herbst« oder des Trauermantels in den Tagebuchaufzeichnungen von 1955 verdanken ihren Reiz nicht mehr, wie die Schmetterlingserlebnisse des jüngeren Hesse, den Abenteuern des Jagens und Sammelns.

Nun braucht er den Schmetterlingen nicht mehr nachzustellen, sondern freut sich an ihren Lebensäußerungen. Die Präzision seiner Wahrnehmung weckt Assoziationen und Analogien, die im Detail das Ganze, im Abbild das Sinnbild erkennen. Nun wird ihm der Flug eines Falters zum »Gleichnis des Sieges über den Tod. Sein Farbenspiel ein vielstrahliges Lächeln über die Vergänglichkeit ... So lächeln alle Gestaltungen, in denen das Leben scheinbar zu einer Dauer geronnen, die Schönheit des ewig Fließenden Form geworden ist ... entzückter Augenblick, im Aufstrahlen schon wieder erbleichend ... Spiel der Harmonie im ewigen Todeskampf der Gegensätze.«

Es klingt wie ein Abschied, wenn Hesse bereits Ende 1913 an seine Schwester Adele schreibt: »Das Schmetterlingsfangen und das Angeln waren die beiden großen Vergnügungen meines Lebens, das andre gebe ich billig.« Daß bald darauf auch seine Hemmungen, Tiere zu töten, zugenommen haben müssen, zeigt ein späterer Brief: »Ich habe in jungen Jahren Schmetterlinge und Fische gefangen und habe damit aufgehört, als meine Bedenken gegen das Töten stärker wurden als die Jagdleidenschaft ... Ein Jäger, der nur Wild schießt, ist ein schlechter Jäger. Ein guter Jäger ist er nur, wenn er im Schießen Maß hält und wenn er dem Hegen des Wildes ebensoviel Sorgfalt widmet wie dem Erlegen. So kann auch der Schmetterlingssammler ... dies und jenes dazu beitragen, dem Aussterben mancher Arten und ihrer Futterpflanzen entgegenzuwirken, es ist die einzige Gegenleistung, mit der er der Natur für das, was er ihr raubt, Ersatz bieten kann.« Deshalb gab es in Hesses Gärten am Bodensee, in Bern und im Tessin Bereiche mit Brennesseln, einer für Schmetterlingsraupen beliebten Futterpflanze.

Wir müssen nicht Schmetterlingssammler sein, um am immer bedrohlicheren Aussterben von Tieren und Pflanzen zu erkennen, wie weit die Zerstörung unserer Biosphäre bereits fortgeschritten ist. Nahezu die Hälfte der etwa 1.400 bei uns heimischen Falterarten ist mittlerweile bereits verschwunden. Die kurzsichtige Ausbeutungsmentalität, mit der wir in der Landwirtschaft durch Flurbereinigung, Monokulturen, biochemische Düngung und den Großeinsatz chemischer Insektizide ungezählte Kleintierarten und Mikroorganismen ausgerottet haben, gefährdet heute das Gleichgewicht in vielen Lebensbereichen. Das Mißverhältnis zwischen dem technisch Machbaren und der Fähigkeit, es so zu nutzen, daß nicht nur dem momentanen Vorteil gedient ist, wächst unaufhaltsam. Die industrielle, chemische und nukleare Entwicklung der letzten Jahrzehnte hat unseren natürlichen Lebensraum derart beeinträchtigt, daß allein schon die Erhaltung von Landschaft, Luft, Wasser und Nahrung ausreicht, um zum politischen Programm werden zu können.

Durch ihre vielfältigen Beziehungen zu Pflanzen und Tieren, sei es bei der Bestäubung der Blüten, sei es als Nahrungsmittel für unzählige Kleinlebewesen wie Ameisen, Frösche, Eidechsen und Vögel oder sei es durch die Bedeutung für die Regeneration des

Bodens durch die gewaltigen Mengen der Exkremente ihrer unzähligen Raupen, sind die Schmetterlinge ein lebenswichtiges Glied im Kreislauf der Natur. Für die Industrienationen, die ihren Wohlstand nicht zuletzt den bedenkenlosen Eingriffen in dieses weitverzweigte natürliche Gleichgewicht verdanken, ist der drastische Rückgang der Schmetterlingspopulationen ein Alarmsignal.

Nur eine Welt, in der sich auch der scheinbar so »nutzlose« Schmetterling wohl fühlen kann, ist auch für den Menschen lebens- und liebenswert.

Volker Michels

Editorische Bemerkung

Die einleitende Betrachtung »Über Schmetterlinge« schrieb Hesse 1935 als Geleitwort zu Adolf Portmanns Photoband »Falterschönheit«, der 1936 erschien. Die anschließenden Prosatexte unseres Bändchens folgen der Chronologie der geschilderten Begebenheiten in Hesses Leben, die nicht immer mit den Entstehungsdaten der Texte identisch ist. Die Gedichte dagegen wurden nach inhaltlichen, nicht nach biographischen Gesichtspunkten plaziert.

Bewußt haben wir zur Illustration alte, handkolorierte Kupferstiche verwandt, die Hesse »unendlich viel schöner und gelegentlich auch exakter als alle modernen Farbdrucke« fand. »Für Blumen, Schmetterlinge etc.«, schrieb Hesse 1943 an Hans Popp, »war die Höhezeit der Darstellungskunst so zwischen 1750 und 1800, die handgezeichneten Blätter wurden in Kupfer gestochen und von Hand coloriert, und die Blätter dieser Art sind nicht nur hübscher und reizvoller als die besten technischen Wiedergaben, sie sind außerdem auch richtiger. Nach Kupfern jener Zeit läßt eine Pflanze, ein Käfer etc. sich leichter bestimmen als nach den besten heutigen Blättern.« Unsere Stiche stammen größtenteils von dem Augsburger Maler und Textilmusterzeichner Jakob Hübner (1761-1826) und wurden nach dem »Kleinen Schmetterlingsbuch« und dem »Kleinen Buch der Nachtfalter« reproduziert, die 1934 und 1936, herausgegeben von Friedrich Schnack, als Bände 213 und 226 der Insel-Bücherei erschienen sind.

Großer Fuchs

 Überzug: Anke Rosenlöcher. Gesetzt in der Schrift Garamond. Gedruckt auf holzfreies Papier der Firma LENK Paper Schleipen GmbH, Bad Dürkheim, von der Memminger MedienCentrum AG, Memmingen. Gebunden in Fadenheftung von der Josef Spinner Großbuchbinderei GmbH, Ottersweier. Dieses Buch wurde klimaneutral produziert: climatepartner.com/14438-2110-1001. Printed in Germany. Erste Auflage 2011. ISBN 978-3-458-19348-7. www.insel-verlag.de